Claus-Peter Woitschützke

Pocket-Handbuch Lagerlogistik

Fachwörter von A bis Z – Deutsch und Englisch

2. Auflage

Bestellnummer 03814

 Bildungsverlag EINS

Haben Sie Anregungen oder Kritikpunkte zu diesem Produkt?
Dann senden Sie eine E-Mail an 03814_002@bv-1.de
Autoren und Verlag freuen sich auf Ihre Rückmeldung.

www.bildungsverlag1.de

Bildungsverlag EINS GmbH
Hansestraße 115, 51149 Köln

ISBN 978-3-427-**03814**-6

© Copyright 2011*: Bildungsverlag EINS GmbH, Köln
Das Werk und seine Teile sind urheberrechtlich geschützt. Jede Nutzung in anderen als den gesetzlich zugelassenen Fällen bedarf der vorherigen schriftlichen Einwilligung des Verlages.
Hinweis zu § 52a UrhG: Weder das Werk noch seine Teile dürfen ohne eine solche Einwilligung eingescannt und in ein Netzwerk gestellt werden. Dies gilt auch für Intranets von Schulen und sonstigen Bildungseinrichtungen.

Vorwort

Sowohl national als auch international hat die Lagerhaltung eine neue Dimension erlangt: Sie stellt keine nachrangige Arbeit mehr dar, vielmehr ist sie eine eigenständige, oft äußerst hochtechnisierte und dynamische Dienstleistungssparte.

Die moderne Lagerwirtschaft umfasst nicht nur die Warenbevorratung. Sie erfordert heute auch die Lösung komplizierter Fragen des Lagermanagements und der Vertragsgestaltung. Sie verlangt fundierte kaufmännische und technische Kenntnisse zur Beurteilung von Waren und Geräten, und sie schließt viele logistisch ergänzende Leistungen wie Warenpflege, Verpackung, Verladung u. a. m. ein. Von daher wird schon seit geraumer Zeit von Lagerlogistik gesprochen.

Aufgrund der zunehmenden Internationalität spielen englische Fachwörter im Tagesgeschäft eine beträchtliche Rolle.

Das **Pocket-Handbuch Lagerlogistik** hält fest, was wichtig ist. Es beinhaltet rund 650 Stichwörter aus der Lagerlogistik und den Bereichen Transport, Verladung, Verpackung, Technik, Versicherung. Wesentliches Branchenwissen wird in knapper Form vermittelt, je Stichwort werden englische Entsprechungen aufgeführt. Kernbegriffe sind ausführlich erläutert und teilweise mit Beispielen, tabellarischen Übersichten oder Grafiken versehen.

- Die Stichwörter sind alphabetisch geordnet und jeweils **fett** und in grün gedruckt.
- Die Herkunft eines Fachbegriffes wird, sofern sie eindeutig ist, in einer [ ] vermerkt oder abgeleitet.
- Englische Entsprechungen stehen farblich hervorgehoben i. d. R. hinter dem Stichwort.
- Mit einem Pfeil (→) versehene Fachwörter führen zu weitergehenden Erläuterungen an anderer Stelle.

- Die englische Vokabelliste im Anhang dient zum Auffinden deutscher Sachbegriffe im Textteil.

Das **Pocket-Handbuch Lagerlogistik** dient Praktikern und beruflichen Neueinsteigern, Teilnehmern an Fort- und Ausbildungsmaßnahmen sowie Berufs-, Fachschülern und Studierenden zur schnellen Sachinformation und als Übersetzungshilfe in englische Fachtermini. Aktualisierungen zu den mit einem Icon 🌲 versehenen Begriffen finden Sie zu gegebener Zeit unter der Rubrik Buchplus (www.bildungsverlag1.de).

A-Gestell A-rack Regalart, bei der stabile, verwindungsfreie Waren wie z.B. Bauelemente oder Türen auf geneigten Trägern (= Gestellen) in Form eines A gelagert werden. → Regalarten

A-Güter A-goods Lagergüter von hohem Wert und geringer Menge. Ggs. B- und C-Güter → ABC-Analyse

ab Lager/Werk ex warehouse/work Lieferklausel; besagt, dass ein Auftraggeber (z.B. der Käufer) alle logistischen Leistungen ab Lager oder Werk des Herstellers selbst bestimmt und alle Logistikkosten trägt. Die Leistung des Versenders endet auf seinem Betriebsgelände mit der Bereitstellung der transportgerecht verpackten Güter. → Incoterms

ABC-Lagerhaltungsverfahren ABC inventory control system → ABC-Analyse

ABC-Analyse ABC analysis Bewertungsverfahren, beispielweise: a) für eine nach **Verbrauchswerten** oder -mengen aufgeteilte (= selektive) Lagerung in Wertgruppen (A-, B- und C-Waren). Die kostenintensivste Einkaufsplanung und Lagerkontrolle entfällt auf A-Güter (hochwertig und umsatzstark); B- und C-Güter sind umsatzschwächer und geringwertiger; mit der A. können Kosten reduziert und Einkaufsrisiken gesenkt werden; b) für die **Kunden- oder Lieferantenanalyse** (Kundengruppen A, B oder C). A-Kunden bilden dabei die umsatzstärkste oder wichtigste Gruppe. Ähnliche Bewertungen lassen sich bei → Kommissionierungen (Entnahmehäufigkeit) oder im Einkauf (Beschaffungsvolumen) durchführen. → XYZ-Analyse

Abfallstoffe

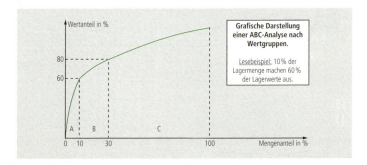

Abfallstoffe waste materials/products Stoffe, Lösungen, Gemische oder Gegenstände, für die keine unmittelbare Verwendung vorgesehen ist, die aber zwecks Wiederaufbereitung befördert werden oder für die die Beseitigung durch Verbrennen, Deponieren oder sonstige Entsorgung vorgesehen ist. → Kreislaufwirtschaftsgesetz

Abgang loss, waste unkontrollierbarer Warenverlust in Form von Schwund (→ Leckage) als Folge von Transportbeanspruchung, längerer Lagerung oder Diebstahl.

Abholung collection, pick-up kann sinnverwandt auch als Güterübergabe an den Frachtführer verstanden werden. Stück- und Ladungsgüter werden abgeholt, wenn nichts Gegenteiliges vorgeschrieben ist. Ggs. Zustellung → Ablieferung

Abladen, von Waren Fachbegr. mit unterschiedlicher Bedeutung. a) Im Lkw-Verkehr bedeutet A. das → Entladen (unloading, discharge) des Fahrzeuges. Hierfür ist gesetzlich der Absender (§ 412 HGB) zuständig. Durch die Frachtbriefannahme wird jedoch der Empfänger als Erfüllungsgehilfe des Absenders tätig und übernimmt das Abladen der Waren. b) In der See- und Binnenschifffahrt meint das A. das Beladen (shipment, shipping) eines Schiffes bis zu dessen voller Tragfähigkeit. Ein Schiff gilt als „abgeladen", wenn es den zulässigen Tiefgang erreicht hat.

Ablader shipper, sender a) im deutschen Seefrachtgeschäft derjenige, der ein Ladegut an ein Seeschiff liefert. Er ist nicht mit dem → Befrachter (z. B. dem Exporteur) identisch. Der A. hat Anspruch auf das Konnosse-

Absackanlage

ment (§ 643 HGB). b) In der Binnenschifffahrt derjenige, der das Gut in das Binnenschiff verlädt.

Abladestelle/-platz a) im Landverkehr die Stelle, an der Gütersendungen auszuliefern sind (unloading point), z.B. Rampe, Stellplatz, Werkstor; b) in der Schifffahrt die Stelle, an der ein Schiff beladen wird (shipment/shipping point).

Ablegereife elimination/scrapping of equipment Zeitpunkt, an dem ein → Anschlagmittel wegen Schäden (Drahtbrüche, Knicke) oder Abnutzungen nicht mehr eingesetzt werden darf.

Ablieferung delivery Sendungsübergabe an den Empfänger. Bei ADSp-Verträgen erfolgt die A. mit befreiender Wirkung an jede in den Geschäfts- bzw. Lagerräumen des Empfängers anwesende Person, es sei denn, es bestehen begründete Zweifel an deren Empfangsberechtigung (Ziff. 13 ADSp).

Ablieferungsnachweis/-quittung proof of delivery (p.o.d.), delivery receipt Bestätigung des Empfängers zur Beweissicherung.

> Bei Verträgen nach ADSp hat der Spediteur/Frachtführer vom Empfänger eine Empfangsbescheinigung als A. zu verlangen. Sie bezieht sich auf die im Auftrag genannten Packstücke. Weigert sich der Empfänger, den A. zu erteilen, hat der Spediteur Weisung einzuholen. Ist das Gut bereits ausgeladen, so ist der Spediteur berechtigt, es wieder an sich zu nehmen (Ziff. 8 ADSp).

Abnahmeschein receipt, acceptance certificate Quittungspapier, das ein Empfänger bei Übernahme von Lagergut dem → Lagerhalter unterschreibt.

abpalettieren to depalletize Waren von Paletten abpacken.

Absackanlage bagging facility Maschine für das Abfüllen von Schüttgütern, wie u.a. Futtermittel in Säcke; meist werden gleichzeitig die gefüllten Säcke gezählt und gewogen (Absackwaage). → Sackwaren

absatteln

absatteln to detach Abhängen eines Sattelaufliegers vom Motorfahrzeug.

Abschreibung, auf Lagerbestände stock relief/write-down werden Teile eingelagerter Güter entnommen, kann auf dem Lagerdokument eine A. vorgenommen werden. Dies bedeutet, dass die entnommenen Mengen auf dem Lagerdokument eingetragen werden.

Absender consignor, sender, shipper Auftraggeber des Frachtführers. Als A. gilt derjenige, der in eigenem Namen mit einem Frachtführer einen Frachtvertrag abschließt. Schließt ein Lagerhalter in eigenem Namen, jedoch für fremde Rechnung ab, ist der Dritte (z.B. ein Handelsbetrieb) nicht A., sondern → Versender.

Absenderpflichten shippers dutys der Absender hat auf Verlangen des Frachtführers einen → Frachtbrief zu erstellen. Darüber hinaus obliegen ihm folgende Pflichten:

> *Informationspflicht* (§§ 410, 413 HGB): Angaben über Gefahrgut sind rechtzeitig schriftlich mitzuteilen. Papiere und Auskünfte für eine amtliche Behandlung sind zu erstellen bzw. zu erteilen. *Verpackungs- und Kennzeichnungspflicht* (§ 411, 413 HGB): Das Gut ist so zu verpacken, dass es vor Schäden geschützt ist und dem Frachtführer keine Schäden entstehen. Das Gut ist zu kennzeichnen, wenn es erforderlich ist. *Ladepflicht* (§ 412 HGB): Der Absender hat das Gut beförderungssicher zu be- und entladen. *Haftpflicht* (§ 414 HGB) → Versenderpflichten, nach ADSp

abstapeln destacking aufgeschichtete Kartons, Paletten usw. vom Stapel nehmen. Ggs. aufstapeln → Stapelung

ADSp Allgemeine Deutsche Spediteurbedingungen *German Forwarders' standard terms and conditions – ADSp Conditions* empfohlene Geschäftsbedingungen. Die A. können für
- Speditions-, Fracht-, Lagergeschäfte der Spediteure,
- sonstige zum Speditionsgewerbe gehörende Geschäfte,
- speditionsübliche logistische Leistungen, wenn diese mit der Beförderung oder Lagerung von Gütern in Zusammenhang stehen,

verwendet werden.

ADSp-Haftung

Die A. werden nicht angewendet bei Tätigkeiten, für die eigene Geschäftsbedingungen existieren (u. a. Verpackungsarbeiten, Umzugsgut, Kranarbeiten) sowie bei Verträgen mit Verbrauchern.

ADSp-Haftung ADSp liability Spediteure haften bei Güterschäden, mit Ausnahme der verfügten Lagerung (→ Haftung des Lagerhalters), je nach Ort des Schadeneintritts, in unterschiedlicher Höhe. Es gelten Höchstgrenzen je → Schadenfall und → Schadenereignis (siehe Übersicht).

ADSp-Lagervertrag

ADSp-Lagervertrag ADSp warehousing contract wird ein A. geschlossen, muss dies ausdrücklich vereinbart werden. Ergänzend zu den HGB-Vorschriften (→ Lagervertrag, → Lagerhalter) werden in den ADSp zusätzliche Rechte und Pflichten geregelt (→ Haftung des Lagerhalters). Beispiele zusätzlicher Regelungen:

... für den Einlagerer	... für den Lagerhalter
• Recht auf Besichtigung (Ziff. 15.2) • Pflicht, bei Besichtigung die Geschäftszeiten einzuhalten (Ziff 15.3) • Pflicht, bei Besichtigung die Begleitung des Lagerhalters zuzulassen (Ziff 15.3) • Pflicht zur Haftung für Schäden während der Lagerbesichtigung (Ziff. 15.3) • Recht auf Kündigung	• Mitteilungspflicht bei Nutzung fremder Lager (Ziff 15.1) • Recht auf Wahl der Lagerräume (Ziff. 15.1) • Recht der Verrechnung von Fehl- und Mehrbeständen (Ziff. 15.6) • Recht auf Kündigung (Ziff. 15.7) • Pflicht zur Haftung bei Schäden

AEO [engl.] Authorized Economic Operator = zugelassener Wirtschaftsbeteiligter (ZWB); unbefristeter „Zollsonderstatus" für Unternehmen in der EU, die als besonders zuverlässig, zahlungsfähig und vertrauenswürdig gelten und hohe Sicherheitsstandards erfüllen. Zertifizierte A. sichern internationale Lieferketten (*supply chain*) ab und erhalten besondere Vergünstigungen bei der Zollabfertigung.

AGB Allgemeine Geschäftsbedingungen general/standard terms and conditions, general terms of business vorformulierte, standardisierte Vertragsinhalte, die Vertragsbestandteil werden, ohne im Einzelnen ausgehandelt worden zu sein. Zu den A. gehören u. a. die → ADSp.

AKL-System mini-load-installation Abk. für automatisiertes Kleinteilelager, Lagersystem für Güterbehälter wie Kassetten, Kästen, Lagerwannen oder → Tablare. → Behälterregal

Akquisition canvassing business Kundenwerbung in Form persönlicher Vorsprache; die akquirierende Person nennt man Akquisiteur.

anschlagen slinging, rigging Befestigen von Seilen an Lasten. Der Punkt des A. kann auf Kisten mit dem Hinweis *„sling here"* markiert sein.

Anschlagmittel-/punkt slinging gear/hitching point a) ein- oder mehrsträngige Stahldrahtseile, Ketten, Gurte oder Bänder, die zur Lastaufnahme befestigt werden; b) Punkt an einer Ladung, an dem das A.mittel arbeitssicher befestigt wird. → Ablegereife

Antiterror-Verordnung anti-terror order Verordnung der EU (Nr. 2580/2001 und Nr. 881/2002) zur Terrorismusbekämpfung. → Compliance

Anzeigepflicht duty of notification Pflicht des Lagerhalters, Veränderungen des Lagergutes sofort anzuzeigen (§ 471 HGB). Unterlässt er dies, hat er Schäden zu ersetzen. → Haftung des Lagerhalters

Arbeitsmittel, im Lager storage equipments alle Werkzeuge, Geräte, Maschinen und Anlagen zur Beschleunigung und Erleichterung von Arbeiten im Lager.

Vollautomatische Palettenumladestation

Arbeitsmittel-Gruppe	Beispiele und Bezeichnung	Lagerverwendung
Werkzeuge *tools*	Hammer, Zangen, Scheren, Sägen, Schraubendreher	Bau-, Öffnungs- und Verschlussarbeiten
Geräte *equipment, devices*	Papier-/Folienabrollgeräte → Heißsiegel-/Schweißzangen → Etikettendrucker Zähl-, Mess-, Wiegegeräte → Schrumpfungsgeräte → Stretchautomaten Klebestreifengeber, Heftgeräte → Umreifungsgeräte	Verpackung PVC-Verschlüsse Barcodeerstellung Dosieren, Wiegen Folienschrumpfung Einwicklungen Kleben, Klammerung Palettenumreifung

Arbeitsmittel-Gruppe	Beispiele und Bezeichnung	Lagerverwendung
Maschinen u. Anlagen plant and equipment/ machinery	u.a. → Palettenkipper, Umlademaschinen, Hubtische, Reinigungsanlagen	Großformatige Verpackung

ArbSchG Abk. für Arbeitsschutzgesetz health and safety at work act Gesetz für den Arbeitsschutz aller Beschäftigten.

ArbStättV Abk. für Arbeitsstättenverordnung workplaces ordinance regelt die Anforderungen für das Betreiben von Arbeitsplätzen und -räumen (= Arbeitsstätten). Diese können in Gebäuden oder auch im Freien sein, sie schließen u.a. Verkehrs-, Fluchtwege, Notausgänge, Pausen-, Sanitäts-, Wasch- und Toilettenräume ein.

> § Arbeitsstätten sind so einzurichten und zu betreiben, dass von ihnen keine Gefährdungen für die Sicherheit und die Gesundheit der Beschäftigten ausgehen (§ 4 ArbStättV).

Artikelbestandsliste article stock list Papier, das Auskunft über im Lager befindliche Güter eines Kunden gibt.

Artikelbewegungsliste article movement list/report Papier, das Auskunft über ein- und ausgelagerte Güter während eines Zeitraums gibt.

Assekuranz [ital.] → Versicherung insurance, underwriting

Audit/Auditierung [lat. audire = Hören] auditing Prüfungs- und Kontrollverfahren, bei dem kaufmännische/technische Vorgänge auf ihre Übereinstimmung mit Vorgaben überprüft werden. Vielfach als Qualitätsa. bezeichnet, sollen Schwachstellen im Qualitätssystem erkannt, Abhilfen veranlasst und festgelegt sowie die Wirkung vorgenommener Verbesserungsmaßnahmen beobachtet werden. → Zertifizierung

Aufbewahrung safekeeping, safe custody Übernahme von Lagergütern in Obhut (Fürsorge) und Sicherstellung des Werterhaltes. → Lagervertrag → Lagerung, gewerblich

Auflast stacking load → Stapellast; Tragfähigkeitskennziffer; gibt an, wie hoch das Gewicht aller auf die unterste Stapeleinheit aufgesetzten anderen Stapeleinheiten sein darf → Palette → Feldlast → Fachlast

Aufsetzrahmen/-bügel collapsible frame, pallet collar variables Verpackungssystem, mit dem EUR-Flachpaletten zu Behältern (mit massivem Holzaufsetzrahmen) oder zu Ladeeinheiten mit Bügeln an den Breitseiten umfunktioniert werden.

aufstapeln stacking, piling up Kartons, Paletten usw. zu Stapeln aufschichten. Ggs. abstapeln → Stapelung

Aufteilungsmittel packing aids Hilfsmittel zur Aufteilung von Rauminhalten in → Packmitteln. A. werden auch als Stegeinsätze, -einrichtungen oder Gefache bezeichnet. Sie dienen v. a. der optimalen Volumennutzung und der Stabilisierung des Transportgutes.

Aufzug lift, freight elevator ortsfestes, unstetiges → Förder- und Hebemittel für die Beförderung in vertikaler Richtung.

Auslagerung retrievel Lagergutentnahme nach Kundenanweisung, die A. ist vom Abholer zu bestätigen. Wurde ein → Lagerschein ausgestellt, kann die A. nur gegen Rückgabe des Lagerscheins erfolgen; bei Teila. werden die Mengen auf dem Lagerschein abgeschrieben (→ Abschreibung, auf Lagerbestände).

Auslagerungspunkt goods-out point bei teil- oder vollautomatischen Regalsystemen der Punkt, an dem das von einem Regalförderzeug entnommene Lagergut kontrolliert wird. Der A. wird auch als Kontrollpunkt oder K-Punkt bezeichnet. Nach der Kontrolle am A. wird das Lagergut an ein Fördersystem (z. B. Fließband) weitergeleitet. → Einlagerungspunkt

Auslastung workload, loading, use of loading capacity bei Verkehrsmitteln oder Lagern kann die A. in Prozent errechnet werden, in dem die

Auslieferungslager

Nutzlast (Lagerkapazität) in Beziehung zur beförderten Menge (Lagermenge) gesetzt wird. → Lagerkennziffern. Berechnungsformel:

$$\frac{\text{Beförderte/gelagerte Menge} \times 100}{\text{Nutzlast (Lagerkapazität)}}$$

Beispiel:
Hat ein Lager eine Kapazität von 2 400 t und sind 1 800 t eingelagert, ergibt sich eine A. von 75 %.

Auslieferungslager distribution centre/depot verkehrsgünstig gelegenes Lager für schnelle Kundenbelieferung. → Kommissionslager

Außenpackmittel, -verpackung outer packaging zusätzliche Schutzmittel für Verpackungen. Zu den typischen A. gehören u. a. Packpapier, einseitige Packwellen, Schrumpf- und Stretchfolien, Kantenschutzwinkel (→ Packmittel). Ggs. → Innenpackmittel → Schutzmittel

Austauschpalette exchange pallet → Palettentausch

Avis [frz.] advice note, notification Anzeige, Benachrichtigung, bspw. Meldung an den Empfänger über die voraussichtliche Ankunft einer Sendung.

B

B/L [engl.] bill of lading → Konnossement → Transportdokumente

B2B, B2C [engl.] business-to-business/consumer → E-Commerce

Ballen pack, bale Verpackungsart u. a. für Halbfabrikate, Rohstoffe (Baumwolle). B. werden in Jute, Sackleinwand, Baststoffe verpackt. Als B. können auch Gewichtsangaben gelten (z. B. 1 USA-Ballen = 216,8 kg).

Ballon [frz.-ital.] carboy, demijohn Verpackungsart; Glasflasche für Säuren, Destillate usw. mit 40–50 Litern Inhalt. Der B. kann durch Umhüllung aus Weiden- oder Drahtgeflecht (= Korbflasche) geschützt sein.

Barcode bar code [engl.] wrtl. Balkencode; Identifikationstechnik in Form genormter Strichcodes (= Strichmarkierungen, Balken). Mit B. können verschlüsselte Informationen als genormte Folge von schwarzen Strichen auf Datenträgern (Transportlabel; Etiketten etc.) gedruckt und mit Scannern gelesen werden. → RFID

Barrel [engl.] a) traditionelles engl./amerik. Hohlmaß der Erdölindustrie mit 158,97 Litern (= 42 US-Gallonen = ein Ölfass). Es können das engl. B. mit 36 Imperial Gallons = 1,636 hl und das amerik. B. mit 31,5 US-Gallons = 1,19 hl unterschieden werden. b) im internationalen Flüssiggüterhandel Bezeichnung für Fässer.

Basiszeit

Basiszeit standard pick time → Kommissionierzeit

Batch-Modus [engl.] svw. Stapelverarbeitung; Erfassungsverfahren von Auftragsdaten. Daten eingehender Aufträge werden gesammelt und nur einmal täglich aufbereitet (*to batch* = stapeln). Der B. wird v. a. bei Lagern mit geringer Kommissionierleistung angewendet. → Pickliste → Realtime-Modus

Be- und Entladen loading and discharging ist im Güterkraftverkehr mit Ausnahme von Stückgut Aufgabe des Absenders bzw. Empfängers, sofern nicht andere Absprachen existieren. Die beförderungssichere Beladung hat der Absender, die betriebssichere der Frachtführer zu gewährleisten. → Beförderungssicherheit → Betriebssicherheit → Verladung

Beförderungssicherheit transportation security ein Gut gilt als beförderungssicher verladen, wenn es so gestaut wurde, dass es eine normale Beförderung unbeschädigt überstehen kann. Für die B. hat der Absender durch sachgerechtes Verladen, Stauen und Befestigen zu sorgen (§ 412 HGB). → Betriebssicherheit → Verladung

Befrachter shipper a) im Seefrachtgeschäft derjenige, für den die Güter befördert werden. Der B. wird auch als Verlader bezeichnet. Er schließt mit dem → Verfrachter (carrier), den Seefrachtvertrag. b) In der Binnenschifffahrt ist B., wer mit einem Versender einen → Frachtvertrag abschließt, ohne eigenen Schiffsraum zu besitzen.

Begasung fumigation Schädlingsbekämpfung mit gasförmigem Schutzmittel, u. a. in Lagerhallen, Silos und bei Containerverladungen. Letztere v. a. im Rahmen der internationalen phytosanitären Richtlinien für Verpackungsholz (→ ISPM No. 15). Bei Containerb. sind Anmeldefristen bei den Aufsichtsbehörden zu beachten sowie ausreichende Lüftungszeiten.

Behälterregal, automatisches autom. box rack Regalform für automatisierte Kleinteilelagerungen (AKL) mittels Behältnissen wie → Tablare, Lagerwannen, Kassetten oder Kästen. Ein- und Auslagerung erfolgen mit automatisierten Regalbediengeräten. → Regale

Besorgung transport arrangement, procurement Haupttätigkeit von „reinen" Speditionen.

> Die Pflicht, eine Versendung zu besorgen, umfasst nach § 454 (1) HGB insbesondere die
> - Bestimmung des Beförderungsmittels und des -weges;
> - Auswahl ausführender Unternehmer, den Abschluss der für die Versendung erforderlichen Fracht-, Lager- und Speditionsverträge sowie die Erteilung von Informationen und Weisungen an die ausführenden Unternehmen;
> - Sicherung von Schadenersatzansprüchen des Versenders.

Bestellpunktverfahren/-system order point approach, reorder point (ROP) system Verfahren zur Bestimmung von Bestellzeit und -menge in der Lagerhaltung. Mit dem B. kann sichergestellt werden, dass stets Ware im Lager vorhanden ist, wenn sie benötigt wird. Eine Bestellung wird ausgelöst, wenn der festgelegte Bestell- oder → Meldebestand erreicht wird. Dies setzt voraus, dass mittels der Lagerbuchführung eine ständige Bestandsfortschreibung erfolgt. → Kennziffern, für Lagerung

Beispiel:

Tagesumsatz (Auslagerungsmenge) 20 Stück, Lieferzeit 10 Tage, Mindestbestand (sog. Eiserner Bestand) 60 Stück

Rechnerische Lösung:

Meldebestand = $20 \times 10 + 60 = 260$ Stück → Nachbestellung beim Erreichen von 260 Stück

Betriebssicherheit

Grafische Lösung:

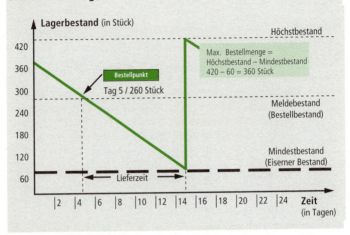

Betriebssicherheit operational/operating safety ist gegeben, wenn das Führen eines Fahrzeuges nicht beeinträchtigt ist. Für die B. eines Lkw hat der Frachtführer zu sorgen (§ 412 HGB). Er hat u.a. das zulässige Gesamtgewicht, die Achsbelastung, die Gewichtsverteilung zu beachten. → Beförderungssicherheit

Big Bag [engl.] Containersack; offenes Großpackmittel mit Vierpunktaufhängung für Schüttgüter mit einer Traglast von rd. 2 000 kg. Der B. besteht aus strapazierfähigem Kunststoffgewebe mit geringem Eigengewicht. → Packmittel

Binnencontainer inland/land container → Container für den europaweiten Bahnverkehr.

BLE Bundesanstalt für Landwirtschaft und Ernährung federal institut of agriculture and nourishment die B. betreibt u.a. Vorratshaltung und lagert pflanzliche/tierische Erzeugnisse als Bundesreserve (→ ZNR-Waren)

und Marktordnungswaren ein. Vielfach werden private Lagerkapazitäten verwendet.

Blisterverpackung [engl.-dt.] blister package formstabile Sichtverpackung aus Kunststoff, die die Ware umschließt (von engl. *blister* = Blase). Die B. wird u. a. bei Haushaltswaren, Elektroartikeln oder Tabletten verwendet. Der B. ähnlich ist die → Skinverpackung.

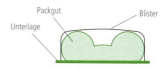

Blockstaplung/-lagerung block stacking/storage Lagerverfahren, bei dem die Anordnung der Güter kompakt in Blockstruktur neben-, hinter- und aufeinander auf dem Boden einer Lagerhalle erfolgt. Die B. wird daher auch als → Boden- oder Kompaktlagerung bezeichnet. Ihr Vorteil ist die optimale Raum- und Flächennutzung, Nachteil der schwierige Zugriff auf hintere blockgelagerte Partien. Die B. eignet sich daher vorzugsweise nur für gleichartige Güter. → Lagerarten

Bodenlagerung floor storage einfachste Lagerform; das Lagergut wird entweder raumsparend in → Blockstapelung/-lagerung oder direkt zugreifbar in → Zeilenlagerung auf dem Boden abgestellt. → Lagerarten

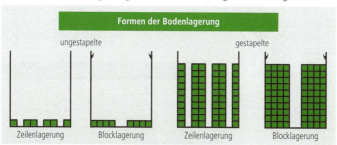

Bordero [frz.] cargo manifest allgemein Ladeliste, Versandliste oder Versandanzeige im Verkehr zwischen Versand- und Empfangsspediteur.

Boxpalette box pallet ungenormter Behälter in Sonderbauart, bestehend aus Bodenplatte und rahmenförmigen Seitenwänden (vollflächig oder Stäbe/Gitter), von denen eine aufklappbar oder abnehmbar ist. → Palette

Brandschutzzeichen fire protection marks quadratische → Sicherheitskennzeichen, Grundfarbe rot mit weißen Symbolen.

Braune Ware brown goods Geräte der Unterhaltungs- und Kommunikationselektronik wie Fernseher, Radios, Computer usw. → Weiße Ware

Brutto für netto/bfn gross for net (g/n) bei einer Sendung wird die Verpackung so behandelt wie die Ware. → Verpackungskosten

Bruttogewicht gross weight Gesamtgewicht einer Sendung, bestehend aus Warengewicht (Netto) und Verpackung (Tara).

Buchbestand book balance Warenbestand, der laut buchmäßiger Erfassung im Lager vorhanden sein soll (= Sollbestand). Er kann durch Verderb, Diebstahl oder Zählfehler vom tatsächlichen Bestand (= Istbestand) abweichen.

Bulkcontainer [engl.] im Überseeverkehr verwendeter, geschlossener → Container für Schütt- und Sauggut (*bulk*) wie u. a. Getreide, Granulat, Quarzsand. B. verfügen über drei runde Füllöffnungen im Dach und je eine Entleerungsklappe an jedem Türflügel. Sie werden nur als 20'-Einheit verwendet.

Einfüllöffnungen

Auslassöffnungen

		Millimeter	Fuß
Innenmaß	Länge	5 934	19'5"
	Breite	2 358	7'8"
	Höhe	2 340	7'8"
Türöffnung	Breite	2 335	7'8"
	Höhe	2 292	7'6"
		Kubikmeter	**Kubikfuß**
Volumen		32,9	1 162
		Kilogramm	**Pfund**
Max. Zuladung (payload)		21 550	47 510

Bund, Bündel bundle (bdl), pack, package (pkg) ehemals Garnzählmaß; im Transportwesen die Zusammenfassung von Waren (*to bundle, to bunch*) zu einem Packstück oder zu einer Ladung (= *consolidation*).

Bundesamt für Güterverkehr (BAG) Federal Office for Freight Transport/Transportation selbstständige Bundesoberbehörde, deren allgemeine Aufgabe die Überwachung des *Güterverkehrs* ist. Das B. überwacht beim *Güterkraftverkehr* u. a., ob alle an Frachtverträgen Beteiligte – also auch ggf. Lagerhalter – die sich aus dem Güterkraftverkehrsgesetz (GüKG) ergebenden Pflichten einhalten. Hierzu zählen beispielsweise die Rechtsvorschriften für Ladungssicherung, Gefahrguttransporte, Arbeitszeiten, Dokumente u. a. m. Die Kontrollen des B. können inner- und außerbetrieblich erfolgen. Bei Verstößen kann das B. Bußgelder verhängen.

bündig machen to align im Lager- und Verpackungsgeschäft das gleichmäßige, gerade und passende Verpacken/Lagern von Waren, z. B. Kartons auf einer Palette bündig mit den Palettenkanten packen.

Bunker/Bunkerlager bunker a) quader- oder zylinderförmiger Speicher für Schüttgüter mit einer Höhe bis 50 m, die Beschickung erfolgt durch Krane oder → Stetigförderer; vielfach existieren Auslaufvorrichtungen am Boden; b) Räume unter Deck von Schiffen für Treibstoffe, deren Übernahme wird bunkern genannt.

C

C2B/C2C [engl.] consumer-to-business/consumer → E-Commerce

Cargo/Kargo [lat.-span.] cargo Beförderungsgut

Carnet TIR [frz.] „**T**ransport **I**nternational de Marchandises par la **R**oute" vereinfachtes Zollversandverfahren TIR carnet. Güter von, nach oder über Drittländer (Nicht-EU-Staaten) können im Lkw-und Behälterverkehr mit dem C. beschleunigt abgefertigt werden. Das Begleitscheinheft (= Carnet) enthält Kontrollblätter für die passierten Durchgangszollstellen, wo sie jeweils entnommen werden. Eine Warenkontrolle entfällt an diesen Zollstellen. Im C.-Verfahren eingesetzte Lkw/Container tragen vorne und hinten blaue TIR-Tafeln.

Carrier [engl.] Frachtführer; allgemein jeder, der gewerbsmäßig Güter oder Passagiere befördert. Als C. gelten Reedereien, Luftverkehrsgesellschaften, Lkw- und Bahnunternehmen usw.

Casko/Kasko [lat.-span.] casko Fahrzeug, Schiffsrumpf

CDP [engl.] cross docking point Umschlagspunkt für eine Warenbehandlung → x-docking

CFR [engl.] cost and freight Kosten und Fracht → Incoterms

chaotische Lagerung chaotic storage oder Freiplatzlagerung; auch freie oder variable Lagerordnung genannt. Güter werden ohne feste Lagerplatzzuordnung (Lageradresse) abgestellt. Jedes Gut kann an jedem gerade freien Platz gelagert werden. Die Kontrolle erfolgt über Lagepläne oder computermäßige Erfassung. Der Vorteil besteht in der optimalen Raum- bzw. Flächenausnutzung eines Lagers.

Charge [lat./frz.] lot, batch Ladung, Last; als eine C. gelten Produkte, die im selben Produktionsprozess hergestellt wurden. C. haben bei Lebensmitteln und Chemieprodukten große Bedeutung, da sie lagertechnisch wegen begrenzter Haltbarkeit meist dem Fifo-Prinzip unterliegen.

CHEP Palette CHEP pallet Abk. für Commonwealth Handling Equipment Pool; mietbare Mehrwegpoolpalette aus Kunststoff oder Holz des Unternehmens CHEP, Orlando (USA). → Palette

Chips [engl.] leichtgewichtiges Packhilfsmittel zu Schutzzwecken. → Füllmittel

CIF [engl.] cost, insurance and freight Kosten, Versicherung und Fracht → Incoterms

CIP [engl.] carriage and insurance paid to … Frachtfrei versichert bis … → Incoterms

Coil [engl.] Rolle, Verpackungseinheit in Form gerollter Bleche und dgl.

Collico collapsible container genormter, zusammenlegbarer Mehrwegbehälter aus Aluminium oder Polypropylen, Fassungsvermögen von 10 bis 500 l. Das C. kann auch als Festkiste (collico hard box) Anwendung finden. Es kann für ein Jahr gemietet und als Mehrwegsystem eingesetzt werden. Vermieter ist die Collico Verpackungslogistik und Service GmbH, Duisburg. Es gilt Tarafreiheit, zusammengelegt werden C. kostenfrei rückbefördert.

Coltainer [engl.] collapsible container Kurzwort für zusammenklappbare → Container.

Combined Transport B/L [engl.] Transportdokument für kombinierte Überseeverkehre. Das C. wird vom Spediteur in seiner Funktion als → Multimodal Transport Operator (MTO) als Übernahme-B/L gezeichnet. → Konnossement

Compliance [engl.] svw. Einhaltung, Erfüllung; zolltechnisch die Pflicht, Geschäftskontakte mit Unternehmen oder Organisationen zu unterlassen, die in internationalen Sanktions- oder Boykottlisten erfasst sind. Hierzu gehören v. a. Terrororganisationen und -gruppen. Mittels C.-Software können Lagerungen und Transporte auf verbotene Kontakte überprüft werden. Ein Verstoß gegen C.-Maßnahmen kann zu hohen Haftstrafen sowie dem Ausschluss von bestimmten Zollverfahren führen. → AEO

Container [engl.] Behälter; es werden die Gruppen → ISO-C. und Binnenc. unterschieden (siehe Übersicht). Die grundsätzlichen Vorteile aller C. sind u. a. erhöhter Warenschutz, geringerer Verpackungsaufwand, Haus-Haus-Verkehre in geschlossenen Transportketten (→ multimodaler Transport), schneller Umschlag und günstige Transportkosten durch spezielle Pauschalpreise.

Einsatz-gebiet	Bezeichnung (Fuß/ft. = ′ 1 ft. = 30,48 cm)	Merkmale
Weltweit	**ISO-Standardcontainer** (DIN-ISO 668): *standard container* Länge 20′, 40′	Transkontinentaler Seec. mit weltweiter Gewichts- und Maßnormung. Ladefähigkeit (20′) = 11 Europool-Paletten, außer bei → PW-Abmessung
	ISO-Sondermaße: 30′, 35′, 45′, 48′ und 53′	Nicht oder nur eingeschränkt in Europa verwendbar
Kontinentaleuropa	**Binnencontainer** *land container* Länge 20′ und 40′	Nur Landverkehre mit Bahnen und Lkw; Außenbreite 2,50 m; Ladefähigkeit (20′) = 14 Europool-Paletten

C. sind dauerhaft verwendbar, widerstandsfähig und für Transporte mit mehreren Verkehrsmitteln konstruiert. Als Transporteinheit rationalisiert der C. Beförderungs- und Umschlagvorgänge.

- Geschlossene Standardc. bestehen aus selbsttragenden Stahlrahmen mit Boden-, Stirn-, Seiten- und Dachwänden aus Leichtmetall

Container

oder Kunststoff sowie acht einheitlichen Eckbeschlägen (*corner fittings*) für das Anschlagen von Kranen, das Befestigen auf Verkehrsmitteln oder das Stapeln in Lagen.
- Haftungsrechtlich i.S. des § 660 HGB kann der C. sowohl Einheit als auch Umschließung sein, entscheidend ist im Seeverkehr der Wortlaut des → Konnossements. Als Haftungseinheit gilt der C. im Seeverkehr bei der Angabe: *„1 Container, said to contain …* (Warenbezeichnung)*"*. Bei der Angabe: *„*(Warenbezeichnung) *… packed in 1 Container"* gelten die einzelnen Warenpackungen als Haftungseinheit.

20' Standard Container

für Normalladung
(auch als 40'-Einheit)

		Millimeter	Fuß
Innenmaß	Länge	5.895	19'4"
	Breite	2.350	7'8 1/2"
	Höhe	2.392	7'10 1/8"
Türöffnung	Breite	2.340	7'8 1/8"
	Höhe	2.292	7'6 1/4"
		Kubikmeter	**Kubikfuß**
Volumen		33,2	1.172
		Kilogramm	**Pfund**
Max. Zuladung (payload)		28.230	62.240

40' High-Cube Container

für leichte, überhohe oder
voluminöse Ladung
(nur als 40'-Einheit)

High-Cube
Hinweis (Label)

		Millimeter	Fuß
Innenmaß	Länge	12.024	39'5 3/8"
	Breite	2.350	7'8 1/2"
	Höhe	2.697	8'10 1/8"
Türöffnung	Breite	2.340	7'8 1/8"
	Höhe	2.597	8'6 1/4"
		Kubikmeter	**Kubikfuß**
Volumen		76,3	2.694
		Kilogramm	**Pfund**
Max. Zuladung (payload)		28.560	62.965

Container-Freight-Station/CFS [engl.] Be- und Entladestelle für Container; in der C. erfolgen i.d.R. Übernahmen und Stauung (Stuffing), Entladung (Stripping) und Übergabe von containerisierten Sammelgütern.

Container-Inlet [engl.] spezielle Innenauskleidung. Die Anwendung erfolgt bei wechselnden Transporten von flüssigen und staubförmigen Gütern.

Container-Operator [engl.] Unternehmung, die einen Containerdienst unterhält.

Container-Prüfung container check Vor Nutzung eines Containers sowie nach seiner Beladung sind Prüfungen erforderlich. Im Wesentlichen umfasst die C. die folgenden Aspekte:

Prüfbereich	Prüfung auf ...
vor Beladung außen u.a.	• Mängel (Risse, Löcher) an Trägern, Pfosten, Nähten, Boden, Dach usw. • Wand-, Boden und Dachverformungen • funktionierende Verschlussvorrichtungen und Türgangbarkeit • → CSC-Plakette • zu entfernende alte Markierungen, Placards, Warnzeichen
vor Beladung innen u.a.	• Trockenheit (Containerschweiß) und Sauberkeit (Ladungsrückstände) • mangelfreie Verschlüsse und Wasserdichte (Lichteinfall) • vorhandene Sicherungshilfen (Zurrringe, -ösen, -stege) • sonstige Schadenmöglichkeiten (Nägel, Schrauben, Splitterholz)
nach Beladung u.a.	• Ladungsverteilung, Ladungssicherung und Gesamtgewicht • korrekte Verschlüsse, Siegel und Plomben • sachgerechte Aufkleber, Label • richtige Temperatur (Reefer), Dachabdeckung (Open Top-Container)

Container-Trucking [engl.] Containerbeförderung per Lkw, meist als Vor- oder Nachläufe nach oder von Seehafen-Terminals.

Container-Yard/CY [engl.] Stellplatz in einem Container-Terminal oder in einem Containerdepot für beladene Container. Im C. werden von Reedereien meist → FCL-Ladungen an Kunden ausgeliefert oder leere Container von Kunden angenommen.

Container, Abmessungen außen container dimensions Die weltweit gültigen C.maße basieren auf der → ISO-Normung. Im transkontinentalen Seeverkehr überwiegen 20'- und 40'-Behälter.

Hauptmaße für Standard-Überseecontainer nach ISO 668 (in Stahlkonstruktion) general purpose container			20-Fuß-Container	40-Fuß-Container
Gattung type			1 C *	1 A *
Maße in m (ft) außen	**Länge** length		6,058 (= 20')	12,192 (= 40')
	Breite width		2,438 (= 8')	2,438 (= 8')
	Höhe height	alt	2,438 (= 8')	2,438 (= 8')
		neu	2,591 (= 8'6") **	2,591 (= 8'6") **
		High Cube		2,896 (= 9'6")
Max. Gewichte in kg (lbs) max. weights	**Tara *** ** tare		≈ 2.300	≈ 4.200
	Zuladung payload		≈ 21.650	≈ 26.300
	Brutto gross		24.0 (52.910) oder neu 30.480 (67.200)	30.480 (67.200)
Volumen capacity	cbm (cbf)		**33,2 (1172)**	**67,7 (2390)**
Bsp. für Bauweise und Bauarten				
geschlossen: Standard-, High Cube-, Ventilated-, Refrigerated (Reefer), Insulated-, Tank-, Bulkcontainer				
teiloffen/offen: Open-Top, Open-Side, Flat/Flatrak, Platform				

* nicht aufgeführt: Gattung 1 B = 30-Fuß-Container (Länge 9,125 m; Bruttogewicht ≈ 25 t)
** zu lesen: 8 Fuß (') und 6 Zoll (")
*** Eigengewicht unterschiedlich je Baumaterial

Containerkennzeichnung

Containerkennzeichnung container identification/signature besteht zwingend aus genormten (ISO 6346) horizontalen/vertikalen Kodierungen an der Tür zur Identifizierung und betrieblichen Gewichtskennzeichnung sowie teilweise aus Warnzeichen wie z. B. Höhenmarkierungen.

Identifizierungszeichen	Betriebl. Kennzeichen (metrisch/angelsächsisch)		
HLCU 307 007 9 → Prüfziffer └── 6stellige Registriernr. └── Produktgruppe (U=Unit) └── Eigentümerschlüssel (Alpha Prefix) HLC=Hapag Lloyd Container	**Max. Gross** (oder **MGW**)	30.480 kgs 67.200 lbs	max. Gesamtgew.
	Tare Wt.	3.720 kgs 8.200 lbs	Leergewicht
	Payload (oder Net)	26.760 kgs 59.000 lbs	Nutzlast (Nettoladungsgewicht)
	Cu. Cap.	67.9 cbm 2.394 cuft	Volumen

Containerschweiß container sweat oder Ladungsschweiß; Schadenmöglichkeit durch Kondenswasserbildung in Containern. Ursache ist Feuchtigkeit, die von Gütern, Verpackungsmaterial, Stauhilfen usw. im Behälter abgegeben wird und nicht austreten kann. Durch entsprechende Verpackung, Beigabe von Trockenmitteln oder den Einsatz belüfteter Container können die Gefahren vermindert oder ausgeschlossen werden.

CPT [engl.] carriage paid to … Frachtfrei bis … → Incoterms

Cross docking [engl.] svw. Kreuzverkupplung, auch als → *x-docking* bezeichnet. Vorzugsweise im Konsumgüterbereich angewendetes Logistiksystem für Markenartikel. Mit C. kann vor allem ein schneller und filialbezogener Umschlag von Ganzladungen unter Ausschluss der Lagerhaltung erreicht werden.

CSC-Plakette CSC safety approval Sicherheit-Zulassungsschild gemäß des „Internationalen Übereinkommens für sichere Container" (CSC = Convention for Safe Containers). Die C. ist aus Metall, sie ist dauerhaft und gut sichtbar anzubringen. Sie hat Mindestmaße und muss folgende Angaben enthalten: CSC-Sicherheitszulassung, Zulassungsland, Datum der Herstellung des Containers, Identifizierungsnummer, max. Bruttogewicht, zulässiges Stapelgewicht, Belastungswert bei Querverwindungsprüfung.

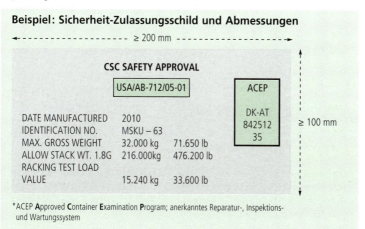

*ACEP **A**pproved **C**ontainer **E**xamination **P**rogram; anerkanntes Reparatur-, Inspektions- und Wartungssystem

CTO [engl.] Combined Transport Operator Spediteur, der im kombinierten Verkehr als Frachtführer auftritt. → Multimodal Transport Operator und Dokument FBL unter → FIATA-Dokumente.

Curtainsider [engl.] svw. „Seitenvorhang", im Güterkraftverkehr Sattelauflieger mit einer seitlich öffnungsfähigen Plane, auch → Tautliner genannt.

D

DAP [engl.] delivered at place geliefert benannter Ort → Incoterms

DAT [engl.] delivered at terminal geliefert Terminal im/am Bestimmungshafen oder -ort ... → Incoterms

Dauerlager permanent warehouse Vorratslager für Massengüter, die von staatlichen Institutionen vorgehalten werden (→ BLE → ZNR-Waren). Aufgaben der D. ist die Sicherung der Versorgung oder die Aufnahme von Überproduktionen.

DDP [engl.] delivered duty paid geliefert und verzollt ... → Incoterms

Delivery Order D/O [engl.] Liefer-, Teilschein; schriftliche Anweisung zur Warenauslieferung. Eine D. wird i. d. R. vom Verfügungsberechtigten (z. B. Einlagerer) erstellt und an denjenigen gerichtet, der die Ware in Gewahrsam hat (Lagerhalter). Sie wird u. a. zur Teilpartie-Auslieferung benötigt, wenn für die Gesamtsendung ein → Lagerschein ausgestellt wurde.

Depot [frz.] depot, warehouse oder → Lager. Im Sammelgut- oder KEP-Verkehr werden die Ausgangs- und Endpunkte von Touren meist als D. bezeichnet.

Detention Charges [lat.-engl.] Kosten für verspätete Containerrückgabe bzw. das Überschreiten festgelegter Freizeiten bei der Be- und Entladung von Containern.

DIN ISO 9000 ff. DIN ISO 9000 internationale Normenreihe zur Einführung und → Zertifizierung von Systemen des → Qualitätsmanagement.

D. wurde durch die Institutionen → ISO, CEN (Europäisches Komitee für Normung) und DIN (= Deutsche Industrienorm) erstellt. Sie bietet weltweit Standards (Mindestanforderungen) bei Qualitätsbeurteilungen von Unternehmen.

Direktumschlag/direkte Überladung direct transfer/transshipment Umschlag zwischen zwei Verkehrsmitteln ohne Zwischenlagerung. Ggs. indirekter Umschlag

Direktzurren direct lashing Maßnahme der Ladungssicherung; mit Zurrmitteln wie Gurten, Bändern, Ketten werden Ladungen direkt mit den Zurrpunkten auf der Ladefläche verbunden und damit gesichert. D. ist bei hohen Ladungsgütern, Fahrzeugen, Röhren u. a. m. zwingend erforderlich. Es werden Schräg-, Diagonal- und Schlingenzurrungen unterschieden. → Zurren → Niederzurren

Displayverpackung [engl.-dt.] display pack Spezialverpackung als Einweg- und/oder Schauverpackung (von engl. *to display* = ausstellen) mit verkaufsfördernder, repräsentativer Wirkung. Sie besteht aus einer Kombination von Versand- und Handelsverpackung.

Disponent [lat.] scheduler, managing clerk Angestellter, der mit bestimmten Vollmachten einen Unternehmensbereich leitet. Im Verkehrswesen wird unter D. vor allem der Koordinator der Transportmittel verstanden.

Disposition [lat.] disposition Transportplanung unter Berücksichtigung von Ladegut, Ladezeitpunkt, Transportziel sowie der Transportmittel und deren Kapazität (Raum, Gewicht). Die D. wird vom → Disponenten vorgenommen.

Distribution [lat.] distribution Güterverteilung

Distributionslager/-zentrum distribution warehouse/centre a) Verteilungslager → Lagerarten; b) Verteilungszentrum im Rahmen der → Distributionslogistik, das Aufgaben eines Güterverteilzentrums mit integriertem Lager- und Kommissionierungssystem erfüllt.

Distributionslogistik

Distributionslogistik distribution logistics Dienstleistung, die v. a. die Lagerung und termingerechte Verteilung von Konsumgütern umfasst. D. ist das Bindeglied zwischen Produktion und Absatz, die Lager werden als Verteilungs-, Auslieferungs- oder Konsignationslager bezeichnet. Zur D. können u. a. gehören: → Kommissionierung, Warenmanipulation (Sortieren, Preisauszeichnungen u. a. m.), Bestandsverwaltung, Rechnungserstellung an Käufer. → Lagerarten → Logistik

DO oder **D/O** [engl.] → Delivery Order Lieferschein

Drehstapelbehälter / DSB rotation bin, stack and nest container stapelfähige Packmittel in Form stabiler Kunststoffkästen für Kommissionierungen. Leere D. können, um 180° gedreht, ineinander gestellt werden und ermöglichen so eine Raumeinsparung bis zu 80 %. Die D. gehören wie auch die konischen (= kegelförmig nach unten verjüngten) Behälter zu den sog. → „nestbaren", also schachtelbaren Behältern.

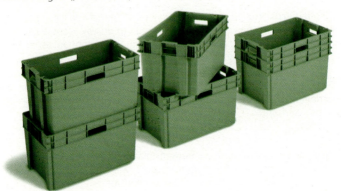

Drittlandsware, -gut third products, goods from third countries → Nichtgemeinschaftsware/NGW. Waren aus Ländern, die nicht zur EU gehören (= Drittländer) und die zolltechnisch zu behandeln sind.

Dual-Use-Ware dual-use-goods zweiseitig verwendbare Güter, die sowohl zivilen als auch militärischen Zwecken dienen können. Ihre Ausfuhr kann von Ausfuhrgenehmigungen abhängig sein.

dynamische Bereitstellung

Durchlauflager/DLL dynamic storage system, flow-rack store oder Durchlaufregallager; Form der Fließlagerung. Paletten oder Behälter werden in waagerechten oder geneigten Lagerplätzen (Kanäle, Durchlaufregale) in einer Richtung nach dem Durchlaufprinzip abgestellt. Es gibt jeweils einen Einlagerungs- und Auslagerungsbereich. Dies sichert das Lagerprinzip → Fifo. Auf Rollenleisten oder Rollen werden die Lagereinheiten in freie Stellplätze der Lagerkanäle bewegt. Neben dem Durchlaufprinzip können in einem D. auch das Einschub- und Satellitenprinzip praktiziert werden.

Durchlaufregal flow-through racking, Gravity rack Lagersystem, bei dem Ware auf schrägen Rollbahnen gelagert wird. Auf den tieferen Seiten je Bahn wird Ware entnommen, auf den höheren zugeführt. Die Lagerbahnen werden zwecks → Fifo „artikelrein" angelegt. → Durchlauflager → Regalarten

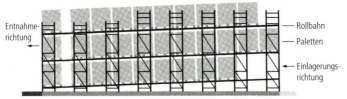

Durchlaufregal für Paletten

Düsseldorfer Palette Duesseldorf pallet Palette mit den Abmessungen 0,60 × 0,80 m; sie entspricht damit einer halben EUR-Poolpalette. Die D. wird vielfach im Konsumgütersektor, auch als Display-Einheit verwendet. → Displayverpackung

dynamische Bereitstellung dynamic staging → Ware-zum-Mann → Kommissionierung

E

E-Commerce [engl.] elektronischer Handel; Geschäftsprozesse, die mithilfe des Internet elektronisch abgewickelt werden. Je nachdem, wer elektronisch handelt, unterscheidet man die folgenden Internet-basierenden Anwendungen:

	Endverbraucher *Consumer*	**Unternehmen** *Business*
Endverbraucher *consumer*	**C2C/** consumer-to-consumer (z. B. Warenbörsen)	**C2B/** consumer-to-business (z. B. Preisvorgaben)
Unternehmen *Business*	**B2C/** business-to-consumer (z. B. Versandhandel)	**B2B/** business-to-business (z. B. Zulieferer-Produzent)

E-Docs [engl.] Abk. für elektronische Dokumente. Zunehmend werden die klassischen papierbasierenden Transport- und Lagerdokumente durch E. ersetzt. Elektronische Formen werden derzeit u. a. bei Luftfrachtbriefen (e-AWB), bei Seefrachtbriefen (e-WB) und teilweise Seekonnossementen (e-B/L) erprobt oder bereits genutzt. → Transportdokumente

E-Fulfillment [engl.] elektronische Durchführung, Erfüllung; informationstechnologisch gestützte Komplettlösung für Online-Händler. Das E. umfasst alle Arbeiten, die nach Vertragsabschluss der Kundenbelieferung dienen.

E-Logistics [engl.] elektronisch gestützte Steuerung von Warenhandels- und Datenströmen.

E-Procurement [engl.] elektronisch durchgeführte Warenbeschaffung. → E-Commerce

EAN/European Article Numbering [engl.] 13-stellige Europäische Artikel-Nummerierung zur Produktidentifizierung. Sie wird von Herstellern angebracht und dient der Rationalisierung der Warenwirtschaft sowie der artikelgenauen Verkaufserfassung im Handel. Im Zuge der Distribution wird E. auch in Lagerbetrieben genutzt. → Barcode

Aufbau eines EAN-Codes:

Länder-kennzeichen	Bundeseinheitliche Betriebsnummer (BBN)	Individuelle Artikelnummer des Herstellers	Prüfziffer
50	62214	99314	1

ECR [engl.] → Efficient Consumer Response Logistiksystem in Industrie und Handel

Efficient Consumer Response/ECR [engl.] „effiziente Reaktion auf die Verbrauchernachfrage" – Oberbegriff für ein ganzheitliches Logistiksystem. Gemäß der Kundennachfrage soll das richtige Produkt (Menge, Sorte) im richtigen Zustand zur richtigen Zeit an den richtigen Ort geliefert werden (die vier „R" der Logistik). Es handelt sich somit um eine kontrollierte Lieferkette der Konsumgüterwirtschaft. Ziel ist es, Umsätze und Erträge zu steigern und durch exakte Erfassung der Nachfrage die Kundenzufriedenheit zu erhöhen.

Eigenlagerung internal storage in eigener Regie betriebene Lagerung, z.B. Fertigwarenlager der Industrie. Ggs. → Lagerung, gewerblich → Kostenvergleich Eigen-/Fremdlagerung

Einlagerungspunkt goods-in point bei teil- oder vollautomatischen Regalsystemen der Kontrollpunkt, an dem ein Lagergut vom Stetigförderer (z.B. Zufuhrband) an ein Regelförderzeug übergeben wird. Am E. wird das Lagergut identifiziert und danach an seinen Lagerplatz befördert. Der E. wird auch als Identifikationspunkt (I-Punkt) bezeichnet. → Auslagerungspunkt

Einfahrregal/-lager

Einfahrregal/-lager drive-in rack/drive-in warehouse Palettenregal mit Lagerbuchten, in die je vier bis sechs Paletten über- und hintereinander blockmäßig gelagert werden. Gabelstapler fahren in die Regalbuchten ein (drive-in) und rückwärts wieder hinaus. → Regalarten

Einlagerer depositor derjenige, der mit einem Lagerhalter einen → Lagervertrag abschließt und Waren einlagert. → Orderlagerschein

> § Zu den Pflichten des E. (§§ 467, 468 HGB) gehören: Verpackung und Kennzeichnung der Güter, Beibringen von Urkunden, Auskunftserteilung, schriftliche Mitteilung bei Gefahrgutlagerung, Zahlung der Vergütung, Schadenersatzleistung (verschuldensunabhängig) bei Schäden durch seine eingelagerten Güter, Zahlung von Aufwendungen des Lagerhalters, sofern diese erforderlich waren. Ist der E. ein Verbraucher, dann ist der Lagerhalter verpflichtet, das Gut so weit erforderlich zu verpacken und zu kennzeichnen.

Einlagerung storage, storing, warehousing Verfahren und Lagerordnungsform; es wird grundsätzlich zwischen der festen systematischen (starren) und freien variablen (→ chaotischen) E. unterschieden. → Lager → Einlagerungs-/Lagerungsprinzip

	Feste systematische (starre) Einlagerung *systematic storage*	**Freie variable (chaotische) Einlagerung** *chaotic storage*
Merkmal	Jedem Lagerartikel ist ein fester nummerierter Lagerplatz zugeordnet (Festplatzsystem).	Lagerartikel werden dort gelagert, wo ein freier Lagerplatz vorhanden ist (Freiplatzsystem)
Vorteile	Lagerplätze sind bekannt	Optimale Flächen- und Raumnutzung
Nachteile	Großer Platzbedarf	Elektronische Lagererfassung notwendig

Einlagerungs-/Lagerungsprinzip storage system auch Einlagerungsgrundsatz oder Verbrauchsfolgeverfahren genannt; gibt an, wann eine Ware nach der Einlagerung entnommen wird und wie lange sie am Lager verweilt. Es werden unterschieden:

Prinzip	Charakteristik
Nach der Einlagerungsreihenfolge	
FIFO [engl.] *first in first out*	Zuerst eingelagerte Güter werden als erste ausgelagert. F. wird automatisch beim Einsatz von Durchlaufregalen praktiziert.
LIFO [engl.] *last in first out*	Zuletzt eingelagerte Güter werden als erste ausgelagert. L. ist unkritisch, wenn die Verbrauchsfolge ohne Bedeutung ist.
Nach dem Einlagerungswert (Einkaufspreis)	
HIFO [engl.] *highest in first out*	Zuerst entnommen, werden die am teuersten eingekauften Güter
LOFO [engl.] *lowest in first out*	Zuerst entnommen, werden die am billigsten eingekauften Güter

Die Verfahren Hifo/Lofo sind nur bei bewertungstechnischen Aspekten in der Buchhaltung von Bedeutung.

Einlagerungsanzeige storage voucher Empfangs- oder Aufnahmebestätigung für den Einlagerer.

Einschubregal slide-in rack Regal mit → Blocklagerung, bei dem Paletten so in einen Lagerkanal eingeschoben werden, dass stets eine Palette an vorderster Stelle steht. Die Paletten können dabei auf leicht geneigten Kugellagerleisten oder schiebbaren Rollrahmen stehen. → Regale

Einwegpalette one-way pallet, non-returnable pallet Industriepalette für die einmalige Verwendung. Die E. kann nicht getauscht werden, sie ist nach Gebrauch zu entsorgen. → Palette

Einwegverpackung one-way package für den einmaligen Gebrauch bestimmtes → Packmittel. Ggs. → Mehrwegverpackung

Elektrohängebahn/EHB electronic overhead travelling crane flurfreier → Stetigförderer, der auf unter der Decke angebrachten Schienen läuft. Die Lasten hängen an einzeln angetriebenen Elektromotoren, deren Fahrtwege individuell programmierbar sind.

Elementarrisiko/-risiken elementary/fundamental risk im Lager die Gefahren durch Feuer, Sturm, Einbruch-Diebstahl und Leitungswassereinwirkung. Die Abdeckung der E. für Lagergüter muss stets über eine → Lagerversicherung erfolgen.

Emballage [frz.] package, packaging, cover → Verpackung

Empfänger consignee derjenige, der bei Frachtgeschäften das Gut in Empfang nehmen darf. Als legitimiert gilt, wer im Speditions-/Transportdokument bezeichnet worden ist.

> Der E. hat nach HGB Rechte und Pflichten. **Vor Ankunft** kann er dem Frachtführer zur Sicherung des Gutes Maßregeln und Anweisungen erteilen. **Nach Ankunft** kann er vom Frachtführer die Übergabe des Frachtbriefes und die Auslieferung des Gutes zu verlangen, wenn nicht der Absender eine noch zulässige nachträgliche Verfügung erteilt hat. Mit der Annahme von Gut und Frachtbrief ist er verpflichtet, dem Frachtführer Zahlung zu leisten. Er ist ferner verpflichtet, das Gut auf Schäden zu untersuchen und diese dem Frachtführer unverzüglich mitzuteilen.

Entladen unloading, discharge, stripping soweit sich aus den Umständen oder der Verkehrssitte nichts anderes ergibt, hat der Absender das Gut beförderungssicher **zu laden** und auch **zu entladen** (§ 412 HGB). Seine Entladepflicht begründet sich darin, dass der Empfänger aus dem Frachtvertrag keine Pflichten übernehmen kann; erst mit der Frachtbriefannahme wird der Empfänger verpflichtet, als Erfüllungsgehilfe des Absenders zu entladen.

Entsorgungslogistik waste disposal logistics Dienstleistung, die sich auf Planung, Abwicklung und Kontrolle logistischer Prozesse mit Reststoffen erstreckt. Die E. umfasst u. a. die Arbeitsschritte Transport, Lagerung, Umschlag, Sammlung, Sortierung von Reststoffen sowie oft auch die Aufbereitung in Form von Demontage, Filtration, Zerkleinerung, Verfestigung oder magnetische Trennung. Entsorgungprozesse sind u. a. Kompostierung, Verbrennung oder Deponierung. → Logistik

EPAL Abk. für [engl.] European Pallet Association Europäische Palettenvereinigung; E. wird als Qualitätszeichen auf Flach- und Gitterboxpaletten vermerkt, sofern diese die E.-Normungen erfüllen.

ERP-System [engl.] Enterprise Resource Planning-System → Warenwirtschaftssystem

ETA [engl.] expected (estimated) time of arrival vermutlicher Zeitpunkt der Ankunft eines Verkehrsmittels. Ggs. → ETS

Etagenlager level/floor storage Flachlager auf Stockwerken (Etagen), die Bedienung erfolgt meist über Aufzüge. Nachteilig sind eingeschränkte Deckentragfähigkeiten und Flucht- und Brandbekämpfungsmöglichkeiten.

Etikettendrucker label printer → Arbeitsmittel zur Erstellung von Barcode-Etiketten oder lesbaren Aufschriftklebern (*labels, tags*).

ETS [engl.] expected (estimated) time of sailing vermutlicher Zeitpunkt der Abfahrt eines Verkehrsmittels. Ggs. → ETA

EUR-Flachpalette euro pallet genormte, mehrfach und europaweit verwendbare → Palette ohne Aufbau, Maße 1 200 × 800 mm, die in Poolverfahren der europäischen Eisenbahnen eingesetzt wird. E. tragen längsseits genormte Kennzeichnungen.

EUR-Gitterboxpalette euro mesh box pallet genormte, stapelbare, vielfältig und europaweit verwendbare Metallpalette mit einem Aufbau aus Baustahlgitter (= Gitterbox); Bodenmaßen 1 200 × 800 mm. Zur Be- und Entladung kann die Vorderwand halb oder ganz abgeklappt werden. Vorteile sind eine hohe Schutzfunktion für Transportgüter, die Schrumpfen, Umreifen usw. überflüssig macht. Jede E. trägt an den linken Vorderseite ein Daten- und Kennzeichenfeld. → Palette

EUR-Palettenladepläne euro pallet loading plans Ladepläne für EUR-Flachpaletten, um eine optimale Beladung (Abfolge der Beladung, Stellplatzanordnung) zu gewährleisten. Es gelten folgende Stellplatzzahlen (vgl. auch Stichwort → Lademeter):

Transportmittel	Bauart/ Kombination	EUR-Palettenstellplätze
Lkw	Gliederzug konventionell (Motorwagen innen 6,10 m; Anhänger innen 8,15 m)	14 + 20 = 34
	Gliederzug mit Wechselaufbauten z. B. • 2 × innen 7,15 m • 2 × innen 7,30 m	17 + 17 = 34 18 + 18 = 36
	Sattelzug mit ungeteilter Ladelänge von 13,60 m	33 praktisch (rechnerisch 34)
Bahnwagen	gedeckter Wagen in Sonderbauart (Hbis)	31
Container	20' / 40' → Binnencontainer 20' → ISO-Container (ausgenommen pw-Container)	14 / 28 11

Exportpaltainer export paltainer spezielle Logistikpalette (→ Paltainer) u. a. auch in EUR-Palettenmaßen, aus feuchtigkeitsfester, mehrlagiger Wellpappe. E. werden vor allem bei Überseetransporten eingesetzt.

Expressdienst express/courier service → KEP-Dienste

EXW [engl.] ex works ab Werk → Incoterms

F

Fachbodenregal shelf-type racking, shelving ein- oder mehrgeschossige Standardregalform mit Ebenen aus Holz oder Metall für Kleinteile. Es wird meistens manuell bedient, höhere Lagen können mit Kommissionier- und Regalbediengeräten erreicht werden. Nachteilig sind Flächenbedarf und begrenzte Tragfähigkeit, vorteilhaft eine einfache Organisation und geringe Lagerkosten. → Regalarten

Fachlast shelf load Sicherheitskennziffer; die F. gibt an, wie viel kg von einer Regalseite aus in ein Regalfach eingebracht werden dürfen. Die Summe aller F. ergibt die → Feldlast. Die F. ist bei mehr als 200 kg am Regal zu vermerken.

Fahrzeugabmessungen/-gewichte vehicle dimensions/weights in der EU gelten für Lkw Standard-Maximalwerte. Abweichende F. sind in der Straßenverkehrs-Zulassungs-Ordnung (StVZO) aufgeführt, im grenzüberschreitenden Verkehr sind sie den Rechtsvorschriften der jeweiligen Länder zu entnehmen.

Fahrzeugkombination (Betriebsart) vehicle mode of operation	Hänger- oder Gliederzug truck trailer unit	Sattelzug tractor trailer unit	Groß-Lastzug (geplant) Ecocombi, Gigaliner, Megaliner
Länge max.	18,75 m	16,50 m	25,25 m
Breite außen	Allgemein 2,55 m, für Kühlfahrzeuge 2,60 m		
Höhe	Bis max. 4,00 m		
Höchstzulässige Achslast	10 t; sie erhöht sich je nach Achszahl, Bremsen und anderen Größen		
Höchstzulässiges Gesamtgewicht (zGG)	40 t (Ausnahme: bis 44 t im Vor- und Nachlauf des Kombiverkehrs)		48 t bis 60 t
Nutzlast	23–26 t je nach Lkw-Bauart		32 t bis 40 t

Sattelzug

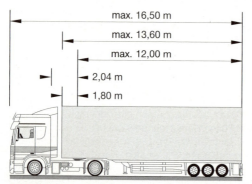

Sattelzug tractor trailer unit: bis 40 t zulässiges Gesamtgewicht (zGG); 13,6 → Lademeter (LDM), 33 EUR-Palettenplätze

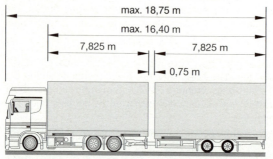

Gliederzug truck trailer unit: Tandembauart, bis 40 t zGG; 14,9 LDM (2 × 7,45 WAB) 36 EUR-Palettenplätze

Groß-Lastzug Ecocombi/Megaliner/Gigaliner: gewichtsorientiert 60 t zGG – volumenorientiert 48 t zGG; 21,05 LDM; 52 EUR-Palettenplätze

Fahrzeugaufbaute vehicle superstructure Fahrzeugladefläche; als Normal-F. gelten → Plane/Spriegel. Spezial-F. sind u. a. Kasten- oder Kofferaufbauten, Tanks und Silos, Pritschen oder Containerchassis.

Faltschachtel folding box/carton Verkaufs- oder Transportverpackung aus Pappe, Kunststoff oder Karton; die F. ist zusammenlegbar und wird durch „Faltungen" ihrer Wände aufgebaut. → Packmittel

FAS [engl.] free alongside ship frei Längsseite Schiff → Incoterms

FCA [engl.] free carrier frei Frachtführer → Incoterms

FCL/FCL [engl.] full container load/full container load Container-Verladeform/-code und Transportsystem. F. besagt, dass eine Reederei einen vollbeladenen Container (FCL) übernimmt, befördert und geschlossen dem Empfänger zustellt (FCL). Bei diesem Haus-Haus-Containerverkehr belädt, staut und sichert der Absender die Box selbst. Für die Entladung ist der Empfänger verantwortlich. Ggs. LCL/LCL (*less then container load/...*) Hafen-Hafen-Containertransport z. B. mit Sammelgut; Kombinationsformen s. Übersicht. Die Durchführung des Vor- und Nachlaufes kann vom Verfrachter (= C. H. *carrier's haulage*) oder vom Auftraggeber (= M. H. *merchant's haulage*) vorgenommen werden.

Container-Transportsystem	Packen des Containers *stuffing*	Organisation des Vorlaufs *pre-carriage*	Organisation des Nachlaufs *on-carriage*	Auspacken des Containers *stripping*
FCL/FCL • **bei C. H.** • **bei M. H.**	Befrachter/ *Shipper*	Verfrachter/*Carrier*		Empfänger/ *Consignee*
		Befrachter	Empfänger	
LCL/LCL	Verfrachter	entfällt		Verfrachter
FCL/LCL	Befrachter	Befrachter/ Verfrachter	entfällt	Verfrachter
LCL/FCL	Verfrachter	entfällt	Verfrachter od. Befr./ Empf.	Empfänger

FCT [engl.] Forwarding Agent's Certificate of Transport Spediteur-Transportbescheinigung → FIATA-Dokumente

Feldlast shelf load Sicherheitskennziffer; die F. gibt an, wie viel kg die Belastung in einem Regalfeld betragen darf. Sie errechnet sich aus der Summe der → Fachlasten. Die F. ist bei mehr 1 000 kg am Regal zu vermerken.

Festplatzsystem fixed-bin principle feste Lagerordnung → Einlagerung

FEU [engl.] forty feet equivalent unit Umrechnungseinheit und Standardbezeichnung für die 40-Fuß-Containereinheit nach ISO-Norm. → Container

FIATA [frz.] „Fédération Internationale des Associations des Transitaires et Assimilés" International Organization of Freight Forwarders Association; Internationale Föderation der Spediteurorganisationen, Sitz Zürich. Der Verband befasst sich u. a. mit Transportfragen, Handelsvorschriften, Zollerleichterungen, Dokumenten und Versicherungen. → FIATA-Dokumente

FIATA-Dokumente FIATA documents von der → FIATA genormte Standarddokumente für Außenhandelsgeschäfte. Je nach Art haben F. den Charakter von → Warenwert- oder → Sperrpapieren. Sie werden auf Verlangen des Auftraggebers ausgestellt und dienen u. a. der Lieferungs- und Zahlungssicherung, vgl. Übersicht S. 45 und 46.

FIATA-Dokumente

Übersicht der derzeit verwendeten FIATA-Dokumente

Abkürzung	FCR	FCT	FBL	FWB	FWR	FFI	SDT	SIC
	Spediteurversanddokumente				Sonstige Spediteurpapiere			
Bezeichnung englisch	Forwarders Certificate of Receipt	Forwarders Certificate of Transport	Fiata Multimodal Transport Bill of Lading	Fiata Multimodal Transport Waybill	Fiata Warehouse Receipt	Fiata forwarding Instructions	Shippers Declaration for the Transport of Dangerous Goods	Shippers Intermodal Weight Certification
deutsch	Spediteur-Übernahmebescheinigung	Spediteur-Transportbescheinigung	Fiata-Multimodal Konnossement	Fiata-Multimodal Frachtbrief	Fiata Lagerschein	Fiata-Speditionsauftrag	Absendererklärung bei Gefahrgutbeförderung	Intermodale Absendergewichtsbescheinigung
Kernfarbe	hellgrün	hellgelb	hellblau	–	orange	weiß, blaue Schrift	weiß, rot-weißer Rand	weiß, grüner Rand
Originale/Kopien	1/3	Mehrere Originale	Mehrere Originale	Mehrere Originale	1/beliebig	1/beliebig	1/ beliebig	1/beliebig
Verwendung	Dokument, das eine Sendungsübernahme zum Transport mit unterschiedlicher Verpflichtung des ausstellenden Spediteurs bescheinigt				Lagergeschäfte	standardisierte weltweit anerkannte Auftrags- oder Begleitpapiere		

F

FIATA-Dokumente

Abkürzung	FCR	FCT	FBL	FWB	FWR	FFI	SDT	SIC
		Spediteurversanddokumente				Sonstige Spediteurpapiere		
Rechtsgrundlage in Deutschland	ADSp	ADSp	Standard Conditions	–	ADSp	–	–	–
Charakteristik	• Empfangsbestätigung • Beweisurkunde mit Sperrfunktion	• Empfangsbestätigung • Beförderungsversprechen • Auslieferungsversprechen gegen Original	• Multimodales Frachtführerdokument • Aussteller trägt Verantwortung für Transport und Auslieferung	Reiner Frachtbrief für multimodale Transporte	• Internationaler Lagerschein • Auslieferung von Lagergut gegen FWR-Original	Intern. genormtes Auftragsformular	Gefahrguterklärung für Transporte, die keine spezielle Deklaration erfordern	Gewichtsnachweis für Container und Trailer ab 13 150 kg; Aussteller ist, wer als Erster das Behältnis packt
Wertpapier	Nein	Ja, wenn an Order gestellt	Ja	Nein	Nur bei ausdrücklichem Vermerk	Nein		

Förder- und Hebemittel

FIFO [engl.] first in first out → Einlagerungsprinzip

Flachlager low-storage → Lagerart, bei der Güter auf dem Boden abgestellt bzw. gestapelt werden; dabei wird eine Stapelhöhe von 6 m nicht überschritten.

Flat [engl.] oder Flatrack, spezieller Container bzw. 20'-Großpalette im Seeverkehr. Beim F. fehlen Seitenwände und Dach, feste umlegbare Stirnwände sind je nach Bauart möglich.

Fließlager flow storage system Lagerungsverfahren bei der Materialzuführung oder -pufferung. → Durchlauflager

Flüssiggut liquid good in Tanks/Spezialbehältern zu befördernde oder lagernde Güter wie u. a. Speiseöl, Chemikalien, Flüssiggas

FOB [engl.] free on board frei an Bord → Incoterms

Folie foil, film, sheeting Pack- oder Packhilfsmittel z. B. aus Polyethylen, PVC, zum luft- und feuchtigkeitsdichten Verschließen. Die Bearbeitung erfolgt mit Heißsiegel- oder Schweißzangen.

Folienschrumpfanlage shrink-wrapping equipment → Schrumpfungsgerät → schrumpfen

Förder- und Hebemittel handling and hoisting equipment Geräte für den innerbetrieblichen Materialfluss. Grundsätzlich wird unterschieden zwischen
- automatisierten, personalextensiven und ortsgebundenen Stetigförderern mit festem gleichbleibenden Förderweg, jedoch geringer Flexibilität und
- flexibel einsetzbaren ortsungebundenen Unstetigförderern.

Förderhilfsmittel

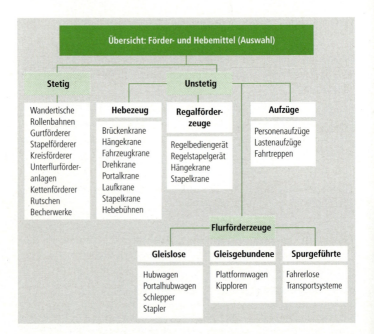

Förderhilfsmittel auxiliary handling equipment alle Packmittel, die ein Gut schützen, lager-, lade- und transportfähig machen. F. sind Paletten, formstabile Behälter, Boxen, Tablare und forminstabile Beutel, Säcke, Big Bags. → Ladehilfsmittel

Fracht a) allgemein das Entgelt (rate, charge) für einen Transport; b) das Transportgut (cargo, shipment) selbst.

Frachtbrief consignment note (C. N.), waybill (W. B.), bill of carriage Der Frachtführer kann vom Absender die Ausstellung eines F. verlangen, der Angaben zur Vertragsausführung enthalten soll. Grundsätzlich muss ein F. (→ Transportdokumente) nicht ausgestellt werden.

> Der F. ist vom Absender zu unterschreiben (§§ 408 ff. HGB); dieser kann verlangen, dass auch der Frachtführer unterzeichnet. Nachbildungen der eigenhändigen Unterschriften durch Druck oder Stempel genügen. Der F. ist formfrei, er dient als **Übernahmequittung** und als **Nachweis für Abschluss** und **Inhalt des Frachtvertrages**. Ein F.satz umfasst drei Originale, die für den Absender, Frachtführer und Empfänger bestimmt sind.

Frachtführer carrier, haulier derjenige, der gewerbsmäßig die Beförderung von Gütern zu Lande, auf Binnengewässern oder mit Luftfahrzeugen ausführt. Dies sind Unternehmungen der Eisenbahn, des Güterkraftverkehrs, der Binnenschifffahrt und des Luftverkehrs.

> Der F. verpflichtet sich durch den Frachtvertrag, das Gut zu einem Bestimmungsort zu befördern und dort an einen Empfänger abzuliefern (§§ 407 ff. HGB). Im Seefrachtgeschäft heißt der F. → Verfrachter, er wird im 5. Buch des HGB aufgeführt.

Frachtführerhaftung carrier's liability Frachtführer haften für Verlust oder Beschädigung des Gutes in ihrer Obhut, d. h. in der Zeit von der Übernahme zur Beförderung bis zur Ablieferung; ferner für das Überschreitung einer Lieferfrist. Frachtführer haften nicht für Güterfolgeschäden. Es gilt überwiegend der Haftungsgrundsatz der Obhuts- bzw. Gefährdungshaftung. Die F. ist je nach Verkehrsträger unterschiedlich hoch.

Frachtführerhaftung

Rechtsgrundlagen und Höchstgrenzen der Frachtführerhaftung im Regelfall (Übersicht)

Relation(en)	National	internationale				
Frachtführer	Land- und Luftverkehr	Straßengüterverkehr	Eisenbahn	Binnenschifffahrt	Luftverkehr	Seeverkehr
Rechtsgrundlage	§§ 407–450 HGB	CMR	COTIF Anhang B ER CIM	CMNI	a) alt: Warschauer Abk. (WAK) oder b) neu: Montrealer Protokoll (MP)	§§ 476–905 HGB
Haftungsgrundsatz	Überwiegend Gefährdungshaftung	Gefährdungshaftung	Gefährdungshaftung	Gefährdungshaftung	a) Verschuldenshaftung mit umgekehrter Beweislast b) Gefährdungshaftung	Verschuldenshaftung mit umgekehrter Beweislast
Haftungsumfang		Güter- und Vermögensschäden				
Haftungsgrenzen bei Güterschäden	Wert, max. 8,33 SZR/kg brutto	Wert, max. 8,33 SZR/kg brutto	Wert, max. 17 SZR/kg brutto	Wert, max. 2 SZR/kg oder 666,67 SZR je Ladeeinheit	a) Wert, max. 27,35 EUR/kg b) Wert, max. 19 SZR/kg	Wert, max. 2 SZR/kg oder 666,67 SZR je Packstück/Einheit, je nachdem, welcher Betrag höher ist
Lieferfristüberschreitung	Schaden, max. 3fache Fracht	Schaden, max. Höhe Fracht	Schaden, max. 4fache Fracht	Keine Haftung, außer bei Vorsatz	Schaden, wenn Vorsatz oder grobe Fahrlässigkeit des Carriers vorliegen	Keine Regelung

Frachtführerhaftung

Relation(en)	National		International			
Frachtführer	Land- und Luftverkehr	Straßengüterverkehr	Eisenbahn	Binnenschifffahrt	Luftverkehr	Seeverkehr
Rechtsgrundlage	§§ 407–450 HGB	CMR	COTIF Anhang B ER CIM	CMNI	a) alt: Warschauer Abk. (WAK) oder b) neu: Montrealer Protokoll (MP)	§§ 476–905 HGB
Sonstige Vermögensschäden	Schaden, max. 3facher Betrag, der bei Verlust zu ersetzen wäre	Jeweils nationales Frachtrecht	Keine Regelung	Keine Regelung		Keine Regelung
Änderungen der Haftungsgrenzen	• möglich bei Kaufleuten; Individualabrede oder Haftungskorridor nach AGB (2–40 SZR/kg) • nicht möglich: bei Verbrauchern zu deren Nachteil	a) Wertdeklaration gemäß Art. 24 b) Interessendeklaration gemäß Art. 26	a) Wertdeklaration b) Interessenklaration	Keine Regelung	Deklaration des Lieferinteresses gemäß Art. 22 WAK und MP	Wertdeklaration möglich
u. a. Haftungsausschlüsse	Unabwendbares Ereignis, ungenügende Verpackung oder Kennzeichnung		Unabwendbares Ereignis, offener Wagen	Unabwendbares Ereignis, Verladung durch Absender	a) mangelndes Verschulden b) mangelnde Verpackung, Eigenart des Gutes	Nautisches Verschulden, Gefahren oder Unfälle der See, unterlassene Handlungen des Absenders

Frachtvertrag, allgemein contract of carriage/transportation Vertrag, in dem sich ein → Frachtführer oder → Verfrachter gegen Entgelt verpflichtet, die Beförderung eines Gutes auszuführen (Werkvertrag). Der F. ist an keine Form gebunden und kann schriftlich, mündlich oder durch übereinstimmendes Handeln geschlossen werden.

> § Ein F. gilt allgemein als geschlossen, wenn beide Parteien sich einig sind, also Konsens (= Übereinstimmung), herrscht. Im nationalen Landfrachtgeschäft wird der F. durch die §§ 407–452 HGB geregelt.

Frankatur [dt., lat., ital.] payment of charges/freight ursprünglich Bezahlung von Transportkosten im Voraus; heute im Transportgeschäft eine Anweisung über die Frachtzahlung (frei, unfrei); sie regelt, wer die Versendungskosten zu tragen hat. → Incoterms

Freilager free warehouse, open-air storage a) freie Lagerfläche ohne Witterungsschutz. Für F. gelten i.d.R. abweichende Haftungsbedingungen der Lagerhalter; b) Zollbegriff für den Teil des Zollgebietes, in dem Nichtgemeinschaftswaren gelagert werden, ohne dass Einfuhrabgaben anfallen. Ein F. im zolltechn. Sinne ist meist ein abgegrenztes Gebäude bzw. ein Gebäudeteil.

Freiplatzlagerung random storage allocation Lagerverfahren mit variabler Platzzuweisung, wobei jeder frei gewordene Platz sofort wieder genutzt werden kann. → chaotische Lagerung

Fremdlager third-party storage angemietetes Lager; Lagerhalter können Güter in fremden Lagerräumen lagern. Der Einlagerer muss unverzüglich schriftlich über den Namen des F. und den Lagerort informiert werden (Ziff. 15.1 ADSp). → Kostenvergleich Eigen-/Fremdlagerung

FRT frt Abk. für Frachttonne freight ton im Seeverkehr Abrechnungseinheit nach Maß oder Gewicht (M/W = *measurement/weight*).

Füllmittel/-stoff filler, filling material leichtgewichtiges Packhilfsmittel zu Schutzzwecken. F. wird v.a. gegen Verrutschen, Verformen, Druck, Geräuschentwicklung eingesetzt.

Füllmittelart *kind of filler*	Merkmal	Anwendungsbeispiel
Ausschäumung *foaming*	Einmalig verwendbarer spritzfähiger halbharter Schaumstoff	Leerraum-Ausschäumung bzw. -Füllung zur Stoß- und Schwingungsminderung
Chips, Flocken *foam chips*	Leichtgewichtig, aus Kunststoff oder Papierschaum	
Holzwolle *wood-shavings/wool*	Nicht feuchtigkeitsabweisend, staubig	Vorzugsweise bei Glas und Porzellan
Luftpolster (-kissen) *air cushion, bubble bag*	Zusammengeschweißte Kunststofffolie, sauber und extrem leicht	Versand von Druckerzeugnissen, Flaschen usw.
Papierwolle *shredded paper, paper wool*	Absorbiert Feuchtigkeit	Elektrokomponenten, Ersatzteile,
Styropor *polystyrene*	Passend gegossene Verpackungseinsätze	Große und empfindliche Geräte der Elektronik

FWR [engl.] FIATA Warehouse Receipt internationaler Lagerschein. Das F. kann von Spediteuren/Lagerhaltern ausgestellt werden, wenn sie FIATA-Mitglied sind. Durch Zusätze kann es zu einem handelbaren (negoziierbaren) Lagerschein gemacht werden. Rechtsgrundlage sind in Deutschland die ADSp, die auf der F.-Rückseite abgedruckt sind. → FIATA-Dokument

> § Der Aussteller verpflichtet sich, die Lagergüter nur gegen Vorlage des F. auszuliefern. Hat der Einlagerer über die Güter durch Abtretung (Zession) verfügt, sind die Güter nur an denjenigen auszuliefern, der sich durch eine lückenlose Kette von Abtretungserklärungen legitimieren kann. Das F. eignet sich für alle Lagergeschäfte.

Beispiel: FWR mit Handelscharakter

1 Lieferant (*Supplier*)
2 Einlagerer (*Depositor*)
3 Lagerhalter/Lagerplatz (*warehouse keeper*)
4 Transporthinweise (*Identification of…*)
5 Versicherung (*Insurance covered*)
6 Zeichen (*Marks and numbers*), Warenangaben (*Description*), Bruttogewicht (*Gross Weight*), Hinweis auf Handelbarkeit (*Negotiable FWR*)
7 Übernahmebestätigung (*Received in …*)
8 Lager-/Geschäftsbedingungen umseitig (*Standard business conditions*)
9 Ort/Tag der Ausstellung (*Place/Date of issue*) und Stempel/Unterschrift (*Stamp/Signature*)

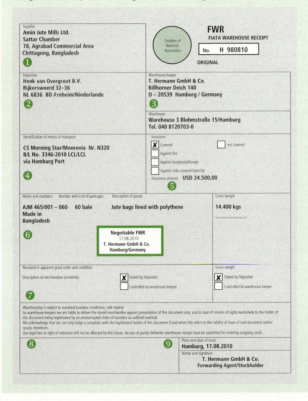

G

Gabelstapler fork lift motorisiertes Flurförderzeug mit hydraulischem Hubgerüst und gabelförmigen Trägern, das für die Beförderung, das Heben und das Stapeln palettierter/nicht palettierter Güter verwendet wird. → Förder- und Hebemittel → Ladegerät

Garnier [frz.] dunnage kreuzweise übereinander gelegte Hölzer zur Vergrößerung der Auflagefläche bspw. bei der Lagerung/Verladung von Schwergut.

Gefährdungshaftung strict/absolute liability → Haftungsprinzip

Gefahrenübergang transfer of risk Punkt in der Transportkette, bei dem das Risiko für Warenverlust oder -beschädigung vom Verkäufer auf den Käufer übergeht. → Incoterms

Gefahrgut/-stoff/gefährliche Güter dangerous/hazardous goods allgemein wird von Gefahr**gut** gesprochen, wenn gefährliche Materialien transportiert werden. Als Gefahr**stoffe** gelten die gefährlichen Materialien, die innerbetrieblich abgefüllt, verpackt, gelagert usw. werden.

Gefahrgutbeauftragter dangerous goods commissioner, dangerous goods safety adviser

> § Nach der Gefahrgutbeauftragtenverordnung (GbV) muss jedes Unternehmen, das Gefahrgut i.w.S. versendet, übergibt, befördert oder verpackt, schriftlich einen verantwortlichen G. bestellen sowie aus- und fortbilden.

Gefahrgutkennzeichnung

Vom G. ist die „beauftragte Person" zu unterscheiden. Hierbei handelt es sich um eine vom G. mit bestimmten Aufgaben betraute Person.

Gefahrgutkennzeichnung hazard labelling, hazard warning panel für Gefahrgüter besteht bei der Beförderung/Lagerung eine Kennzeichnungspflicht. Die G. soll mittels → Gefahrzettel, → Warntafeln oder Aufschriften auf die Gefahren aufmerksam machen und bei Unfällen eine rechtzeitige und sachgerechte Hilfe ermöglichen.

Gefahrgutregelungen, -verordnungen dangerous/hazardous goods handling rules Beförderung, Lagerung, Umschlag und Handling von gefährlichen Stoffen werden mit mehreren nationalen und internationalen Vorschriften geregelt. Federführend ist die Organisation der Vereinten Nationen (UNO), die über Unterorganisationen für einzelne Verkehrsmittel verbindliche internationale Vorschriften erwirkt.

Verkehrsträger Gefahrgutvorschrift	Güterkraftverkehr	Eisenbahnverkehr	Binnenschiffsverkehr	Luftfrachtverkehr	Seeverkehr
National	GGVSEB			ICAO-TI und IATA-DGR	GGVSee
International	ADR	RID	ADNR		IMDG-Code

Gefahrklassen classification of dangerous/hazardous goods Klassifizierungssystem mit den Gefahrklassen 1 bis 9. Die G. sind nach den grundlegenden Eigenschaften der Güter aufgebaut und bezeichnen die Hauptgefahr des Stoffes oder Gegenstandes. Vgl. auch → Warntafeln und Gefahrennummern

Gefahrklasse	Bezeichnung	Beispiele
1	Explosive Stoffe und Gegenstände mit Explosivstoff	Feuerwerkskörper, Munition
2	Gase	Propan, Sauerstoff, Spraydosen
3	Entzündbare flüssige Stoffe	Benzin, Äthylalkohol, Heizöl
4.1	Entzündbare feste Stoffe, selbstzersetzliche Stoffe	Zündhölzer, Filmzelluloid
4.2	Selbstentzündliche Stoffe	Weißer Phosphor
4.3	Stoffe, die in Berührung mit Wasser entzündliche Gase entwickeln	Calciumcarbid
5.1	Entzündend (oxidierend) wirkende Stoffe	Ammoniumnitrathaltige Düngemittel
5.2	Organische Peroxide	Kunststoffkleber
6.1	Giftige Stoffe	Pestizide
6.2	Ansteckungsgefährliche Stoffe	Krankenhausabfälle
7	Radioaktive Stoffe	Uran-Metall
8	Ätzende Stoffe	Schwefelsäure, Natronlauge
9	Verschiedene gefährliche Stoffe und Gegenstände	Verflüssigtes Metall, Asbest

Gefahrzettel placard, danger/hazard label Kennzeichnung in Form von Großzetteln oder sog. Placards (Minimum 25 cm × 25 cm), die durch Symbole und Farben auf eine Hauptgefahr des Gutes hinweisen; bestehen noch Nebengefahren, müssen ggf. weitere G. angebracht werden. Sie sind sowohl an Packstücken als auch auf Transporteinheiten (Tanks, Container) anzubringen. → Warntafel

Beispiel für Gefahrzettel:

Gefahr der Klasse 3
Entzündbare flüssige
Stoffe
(Farbe: schwarz oder
weiß auf rotem Grund)

Gefahr der Klasse 4.1
Entzündbare feste
Stoffe, selbstzersetzliche und desensibilisierte
explosive Stoffe
(Farbe: schwarz auf weißem Grund mit sieben
senkrechten roten Streifen)

Gefahr der Klasse 4.2
Selbstentzündliche
Stoffe (Farbe: schwarz
auf weißem und rotem
Grund)

Beispiel: Kennzeichnung eines Tankfahrzeuges

am Tank: Gefahrzettel (Gefahr der Klasse 3) rechts, links und hinten
am Lkw: orangefarbene → Warntafeln vorne und hinten

Gemeinschaftswaren/GW community goods Waren, die vollständig im Zollgebiet der Gemeinschaft (EU) gewonnen oder hergestellt worden sind. Ggs. Nichtgemeinschaftswaren/NGW

Gesonderte Lagerung special storage → Sonderlagerung

GGVSEB Abk. für **G**efahr**g**ut**v**erordnung **S**traße, **E**isenbahn, **B**innenschiff
act governing the haulage of hazardous material by truck, rail and barge

für alle Landverkehrsmittel national geltende → Gefahrgutregelung. Die nationale Gefahrgutverordnung Binnenschifffahrt (GGVBinSch) wurde aufgehoben.

Gitterbox wire-mesh box EUR-Gitterboxpalette → Palette

Green Logistics [engl.] „grüne" oder umweltschonende Logistik. Die G. ist ökologisch ausgerichtet. Sie verfolgt das Ziel, Umweltbelastungen durch Verkehrs- und Emissionsreduzierung zu senken. Maßnahmen zur Zielerreichung sind u. a. CO_2-optimierte Transporte oder Logistikketten, Lärmminderung, Förderung emissionsarmer Verkehrsmittel, → Cross-Docking-Lager.

Greifzeit picking time auch Pickzeit oder Entnahmezeit genannt; Teil der → Kommissionierzeit; umfasst das Entnehmen von Waren aus Regalen und das Ablegen in Behältern. Die G. wird v. a. von der Griffhöhe, -tiefe und dem Warengewicht bzw. -volumen beeinflusst.

Großbehälter container Sammelbez. für alle Arten von Behältern. Vgl. hierzu → Container → Binnencontainer → Wechselaufbaute

Gurtmaß parcel measurement Maß zur Begrenzung von Abmessungen oder Paketlängen im Sammelgut- oder KEP-Verkehr. Das G. wird nach ADSp (Ziff. 6.2.3) berechnet aus „größter Umfang zuzüglich längste Kante". Allgemein gilt: Umfang des Pakets in cm + längste Seite in cm.

Beispiel:

Ein Packstück hat die Maße: Länge 1,20 m, Breite 0,40 m, Höhe 0,60 m. Berechnung des G.: 2 × 40 cm = 80 cm + 2 × 60 cm = 120 cm + Länge 120 cm = Gurtmaß 320 cm

H

Haftbarhaltung letter of intend schriftliche Mitteilung, dass Güter beschädigt oder mit Fehlmengen abgeliefert wurden. Mit der H. wird angekündigt, dass der Transporteur für den Schaden ersatzpflichtig gemacht wird. Insbesondere werden die Rechtsansprüche von Transportversicherern gegenüber Frachtführern gewahrt. → Schadenanzeige

Haftung des Lagerhalters stockist's/stockholders liability bei Lagerverträgen (Dauerlagerungen bzw. **verfügte Lagerungen**) ist die H. je nach verwendeter Rechts-/Haftungsgrundlage unterschiedlich.

> § Gemäß § 475 HGB ist die H. **unbegrenzt** für den Schaden, der durch Verlust oder Beschädigung des Gutes in der Zeit von der Übernahme zur Lagerung bis zur Auslieferung entsteht, es sei denn, dass der Schaden durch die Sorgfalt eines ordentlichen Kaufmanns nicht abgewendet werden konnte.

Es ist üblich, diese Regelung durch Geschäftsbedingungen zu ersetzen, z. B. durch die ADSp.

> § Nach Ziff. 24 ADSp ist die H. **begrenzt** (vgl. Übersicht). Der Lagerhalter haftet nur dann unbegrenzt, wenn Vorsatz oder Fahrlässigkeit (grobe bewusste Leichtfertigkeit) vorliegen.

Der Lagerhalter ist bei ADSp-Verträgen zum Abschluss einer → Haftungsversicherung verpflichtet, die den Umfang der genannten Summen abdeckt.

Haftung des Lagerhalters

Haftungsgrundlagen	HGB §§ 475ff.	ADSp Ziff. 22, 24
Haftungsprinzip	Verschuldenshaftung mit umgekehrter Beweislast (*„es sei denn, dass der Schaden durch die Sorgfalt eines ordentlichen Kaufmanns nicht abgewendet werden konnte"*)	
Haftungszeitraum	Von der Empfangnahme des Lagergutes bis zur Rückgabe an den Berechtigten	
Haftungsumfang	Güter-, Güterfolge- und Vermögensschäden	Güter- und Vermögensschäden (keine Güterfolgeschäden)
Haftungshöhe	Unbegrenzt	**Güterschäden: begrenzt** • max. 5,00 EUR für jedes kg des Rohgewichts der Sendung; • max. 5 000,00 EUR je Schadenfall • max. 2 Mio. EUR je Schadenereignis; • bei Inventurdifferenzen max. 25 000,00 EUR, unabhängig von der Zahl der Schadenfälle, wobei eine Saldierung bei Fehl-/Mehrbeständen zulässig ist **Andere als Güterschäden:** • max. 5 000,00 EUR je Schadenfall.
Rügefrist bei Mängeln/Fehlmengen	• äußerlich erkennbar = sofort, • verdeckte = unverzüglich nach Entdeckung, spätestens innerhalb von 7 Tagen	
Haftungsausschlüsse	u. a. unabwendbares Ereignis, Verschulden des Berechtigten, mangelhafte Verpackung, schwerer Diebstahl und Raub, Aufbewahrung im Freien, Elementarrisiken	
Verjährung	1 Jahr, bei Vorsatz 3 Jahre	
Pfandrecht	Konnex und Inkonnex	

Haftungsprinzip liability principle im Transport- und Logistikgewerbe wird entweder nach der Verschuldens- oder der Gefährdungshaftung (→ Frachtführerhaftung) verfahren.
- **Verschuldensh.**: jemand haften nur dann, wenn ihm ein Verschulden nachgewiesen wird – er also eine Pflicht verletzt hat. Dies liegt stets dann vor, wenn Vorsatz oder Fahrlässigkeit nachgewiesen werden können. Der Geschädigte muss Vorsatz oder Fahrlässigkeit nachweisen. Ausnahme: Verschuldenshaftung mit umgekehrter Beweislast.
- **Gefährdungs- oder Obhutshaftung**: Ein Verursacher muss ohne Verschulden (z. B. für zufälliges Eintreten von Schäden) haften. Dieses H. wird auf alle Situationen angewandt, in denen eine Gefährdung der Umgebung durch Besitz oder Betreiben von Fahrzeugen, technischen Anlagen, Tieren oder Unternehmungen herbeigeführt werden kann. Ausnahme sind Schäden durch Höhere Gewalt.

Haftungsversicherung forwarder's and carrier's liability insurance die H. stellt sicher, dass Lagerhalter die nach ADSp/HGB bestehende Regelhaftung erfüllen können. Die Eindeckung ist zu marktüblichen Bedingungen verpflichtend (ADSp Ziffer 29). Versichert sind alle Speditions-, Fracht- und Lagerverträge.

Handlager manual store zugriffsbereites Kleinteilelager in der Industrie z. B. für eine schnelle Versorgung mit Schrauben, Kabeln, Klammern.

Handlingkosten [engl.-dt.] handling costs/charges in der Logistik nicht klar abgegrenzter Begriff für Kosten von Warenbehandlungen. Sie werden oft neben den Lager- und Verwaltungskosten als weiterer Teil der gesamten Logistikkosten angesehen. H. können anfallen für Be- und Entladung, Aus-, Ein- oder Umpackungen, Kommissionieren, Etikettieren, Verpackungsmaterial usw.

Hängeversand hanging garment transport Spezialtransport von Textilien in hängender Form auf Bügeln.

Harass crate genormtes, stabiles → Packmittel aus Holz (ähnlich der → Steige), das sich wegen der Belüftung gut für den Obst-/Gemüse-Transport eignet.

Heißsiegelzange heat sealer oder Schweißzange → Arbeitsmittel zum luft- und feuchtigkeitsdichten Verschließen von Verpackungen mit Folien, PVC-Verpackungen usw.

Hifo [engl.] highest in – first out → Einlagerungsprinzip

Hochregal/-lager (HRL) high-bay racking/warehouse Regal mit einer Stapelhöhe von über 12 Metern; die H.bedienung erfolgt mechanisch oder automatisch. H. sind vielfach Hallenlager in Betonbauweise mit a) freistehenden Palettenregalen, die eine Gesamthöhe von 40 und mehr Metern erreichen können, oder b) Regalen, die selbst als Tragkonstruktion für Wände und Dach des Lagers ausgelegt sind. Die Regalmaße richten sich nach den Palettengrößen, die auch die Gangbreiten bestimmen. H. gelten als Einzweckanlagen, da sie aufgrund ihrer hohen Bauweise selten für andere Nutzungen verwendet werden können. → Lagerarten → Regale

Hochregalstapler high-bay forklift Flurförderzeug für Höhen bis zu 10 m und schwere Lasten bis 2 000 kg. Die Hubgabeln können starr oder als Teleskop- oder Schwenkvarianten ausgelegt sein.

Höhere Gewalt Act of God unvorhersehbares, unabwendbares Ereignis, das außerhalb der Kontrolle aller Beteiligten liegt. Zur H. werden u.a. gerechnet: Feuer, Überschwemmung, Erdbeben, Blockade, Krieg, Bürgerkrieg, Unruhen, Revolution, Streik, Beschlagnahme.

Holzkisten wooden cases gelten als flexibel, stabil und sicher. Überwiegend werden Voll-/Rohholz oder Press-/Sperrholz mit DIN-Normung verwendet. Export-Rohholzkisten sind u.U. gegen Holzschädlinge zu behandeln (→ ISPM No. 15).
- Die Inlandsh. (inland crates) ist allgemein durch Ringleisten verstärkt und besonders belastbar. See- oder Exporth. (export crates) sind aus Gründen der Frachtberechnung auf Volumeneinsparung ausgelegt und werden lediglich durch Kopfleisten an den Stirnseiten verstärkt.
- Holzpackmittel sind ferner → Steige, → Harass, Holzpalette (→ Palette), Verschlag (offene Holzrahmenkonstruktion), → Aufsetzrahmen und Kantholzkonstruktionen für Schwergüter.

Holzkisten nach DIN 55499–1

Inlandskiste für Landtransporte mit Ringleisten an den Außenflächen und Kopfleiste (Grundbauform A 4)

See- oder Exportkiste mit sog. Kopfkranzleisten an den Stirnseiten (Grundbauform A 5)

Hub and Spoke [engl.] svw. Nabe und Speiche; Verkehrsnetzkonzept, bei dem von einem zentralen Umschlagpunkt (*Hub* = Nabe) stern- oder speichenförmig einzelne Strecken oder Linien (*Spoke* = Speiche) ausgehen und die Verbindung zu den Endpunkten herstellen. Die auf den „Speichen" eingesetzten Transportmittel treffen dabei in relativ kurzen Zeitabständen ein, die Güter werden in engen Zeitfenstern umgeschlagen. Ggs. Rastersystem

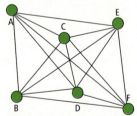

Rastersystem mit Punkt-zu-Punkt-Verbindungen (hoher logistischer Aufwand)

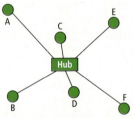

Nabe-Speichen-System mit einem Zentralterminal (reduzierte Logistikkosten)

Hubwagen pallet truck, hand forklift truck von Hand oder elektrisch betriebener Transportwagen mit Gabeln.

I-Punkt I-point Identifikationspunkt → Einlagerungspunkt

IBC [engl.] Intermediate Bulk Container; variantenreiches Großpackmittel; transportable Verpackung mit einem Volumen von max. 3 cbm. I. stellen eine Verpackungsgröße zwischen Fass und Tank dar. Sie dienen der Lagerung und dem Transport flüssiger oder pastöser Produkte, vor allem aus den Branchen Chemie, Pharmazie, Kosmetik und Lebensmittel.

Incoterms 2010 [engl.] Abk. für International Commercial Terms standardisierte internationale Handelsklauseln für Kaufverträge. Sie gelten, wenn die Vertragspartner sie vereinbaren. Es werden vier Gruppen mit 11 Klauseln unterschieden, die inhaltlich v. a. die Fragen des Kosten- und Gefahrenübergangs innerhalb einer Transportkette regeln. Die I. enthalten alle wesentlichen Vertragspflichten des Exporteurs (Verkäufer) und des Importeurs (Käufer), dies sind neben den Kosten- und Gefahrenübergängen auch die Dispositionspflichten. Die Incoterms 2010 wurden von 13 auf 11 Klauseln reduziert und den modernen Handelsgeschäften angepasst. Neu sind die Klauseln DAT und DAP, die unabhängig von der vereinbarten Transportart verwendet werden können. Bei den Klauseln FOB, CFR und CIF wurde die Schiffsreling als Lieferort aufgehoben. Eine Ware gilt nunmehr als geliefert, wenn sie sich an Bord des Schiffes befindet. Die elektronische Kommunikation und Dokumentation ist der Papierform gleichgestellt, sofern dies handelsüblich ist oder die Parteien dies vereinbaren.

Incoterms 2010

Incoterm-Gruppe	Incoterm-Klausel	Kürzel	Kostenübergang	Gefahrenübergang
E-Gruppe	1. Ab Werk (… benannter Ort) *ex works (… named place)*	**EXW**	Ab Übergabe auf dem Gelände des Verkäufers	
F-Gruppe	2. Frei Frachtführer (… benannter Ort) *free carrier (… named place)*	**FCA**	Ab Übergabe der Ware an den vom Käufer benannten Frachtführer (einschl. Ausfuhrabfertigung) an dem von den Parteien ausgewählten Ort	
	3. Frei Längsseite Schiff (… benannter Verschiffungshafen) *free alongside ship (… named port of shipment)*	**FAS**	Längsseite Seeschiff im Verschiffungshafen. Der Verkäufer hat die Ware zur Ausfuhr frei zu machen.	
	4. Frei an Bord (… benannter Verschiffungshafen) *free on board (… named port of shipment)*	**FOB**	wenn die Ware im Verschiffungshafen an Bord des Schiffes ist	
C-Gruppe	5. Kosten und Fracht (… benannter Bestimmungshafen) *cost and freight (… named port of destination)*	**CFR**	Seeschiff im Bestimmungshafen; Verkäufer trägt Seefracht und Zuschläge	wenn die Ware im Verschiffungshafen an Bord des Schiffes ist
	6. Kosten, Versicherung und Fracht (… benannter Bestimmungshafen) *cost, insurance and freight (… named port of destination)*	**CIF**	Seeschiff im Bestimmungshafen; Verkäufer trägt Seefracht, Zuschläge und Seetransportversicherung	wenn die Ware im Verschiffungshafen an Bord des Schiffes ist
	7. Frachtfrei (… benannter Bestimmungsort) *carriage paid to (… named place of destination)*	**CPT**	Übergabe an den ersten Frachtführer, plus Fracht bis Bestimmungsort	Übergabe an den ersten Frachtführer
	8. Frachtfrei versichert (… benannter Bestimmungsort) *carriage and insurance paid to (… named place of destination)*	**CIP**	Übergabe an den ersten Frachtführer, plus Fracht bis Bestimmungsort, plus Transportversicherung (Mindestdeckung)	Übergabe an den ersten Frachtführer

Incoterm-Gruppe	Incoterm-Klausel	Kürzel	Kostenübergang Gefahrenübergang
D-Gruppe	9. Geliefert benannter Ort *delivered at place* (*... named place of destination*)	DAP	Ab Bereitstellung zur Entladung am benannten Bestimmungsort. DAP ersetzt die alten Klauseln DAF, DES und DDU.
	10. Geliefert benannter Terminal im Bestimmungshafen oder am Bestimmungsort, entladen (*... benannter Terminal*) *delivered at terminal* (*... named terminal at port or place of destination*)	DAT	Nach Entladung am benannten Terminal (auch Lagerhalle, Kai, Depot) im Bestimmungshafen oder -ort. DAT ersetzt die frühere DEQ-Klausel.
	11. Geliefert verzollt (*... benannter Bestimmungsort* *delivered duty paid* (*... named place of destination*)	DDP	Benannter Bestimmungsort (nicht entladen) im Einfuhrland; der *Verkäufer* hat die Einfuhrformalitäten zu erledigen und trägt Zoll und andere Kosten

Indossament [lat.-ital.] Übertragungsvermerk endorsement im Verkehrswesen kann das I. beim → Konnossement und beim → Orderlagerschein zur Anwendung gelangen. Soll ein Wertpapier übertragen werden, dann fertigt der Weitergebende (= Indossant) das I. an. → Orderklausel

Industriepalette industrial pallet → Palette

Inhaberlagerschein warehouse warrant to bearer → Lagerschein

Inlandkiste inland crate → Holzkisten

Innenpackmittel, -verpackung inner packaging, primary package Packhilfsmittel zum Warenschutz. Zu den typischen I. gehören u. a. Seiden- und Ölpapier, Luftpolsterfolie, Verbundfolie, PVC-Packfolie, Schaumstoffe (→ Schutzmittel). Ggs. → Außenpackmittel

Inventur inventory mengenmäßige und qualitative Kontrolle von Lagergütern durch zählen, messen, wiegen („körperliche Bestandsaufnahme"). Die I. bildet die Grundlage für die Erstellung des Bestandsverzeichnisses (I.bestand), des Inventars, und damit auch der Bilanz. Es werden unterschieden:

Art	Merkmale
Stichtagsinventur *periodic inventory*	Erfolgt zum Geschäftsjahresabschluss, i. d. R. zum 31. 12. eines jeden Jahres.
Permanente Inventur *permanent/continuous inventory*	Ständige I. mit beliebigen Zeitpunkten, Wertveränderungen werden ständig durch Bestandsfortschreibungen erfasst.
Stichprobeninventur *periodic random-sample inventory*	Insbes. in Lagern mit umfangreichen Artikelarten und elektronischer Lagerbuchführung; Wert- und Mengenermittlung mittels mathematisch-statistischer Methoden in Form von Stichproben; zulässig gemäß § 241 HGB.
Verlegte Inventur *delayed stocktaking*	Kann gem. HGB innerhalb der letzten drei Monate vor oder innerhalb der ersten zwei Monate nach dem Bilanzstichtag vorgenommen werden.

ISO [engl.] International Standardization Organization Internationale Organisation für Standardisierung; Sitz Genf.

ISO-Container ISO container → Container mit Abmessungen nach ISO-Normen 668.

Isolier-Container insulated/porthole container 20′ oder 40′ Container mit wärmedämmenden Innenwänden und reduzierter Stauhöhe für Ladungen mit konstanter Plus- oder Minustemperatur (ca. +12 ° bis −20 °C). I. haben keine eigenen Kühlaggregate (→ Reefer), die Temperatursteuerung erfolgt durch Schiffskühlanlagen oder an Land durch sog. Clip-on-Aggregate. → Container

ISPM No. 15 [engl.] International Standard of Phytosanitary Measures Internationale Standards für Pflanzenschutzmaßnahmen. I. Nr. 15 bezieht sich auf Schädlingsbefall bei Verpackungsholz (*„Guidelines for regulating wood packaging material in international trade"*). Sie legt fest, wie Rohholz zu behandeln ist, um Schädlingsbefall auszuschließen. Maßnahmen sind u. a. Hitzebehandlung, chemische Druckimprägnierung und → Begasung. Nicht behandelte Verpackung kann bei Einfuhren vernichtet oder retourniert werden.

Istbestand actual inventory tatsächlicher Warenbestand; der I. kann durch Schwund, Verderb, Diebstahl oder Zählfehlern vom → Buchbestand abweichen.

J

JIS [engl.] → just in sequence

JIT [engl.] → just in time

Jumbo-Behälter jumbo container großvolumigen Behälter, als J. können u. a. gelten: a) *High-Cube* Container mit der Höhe von 9'6" b) Jumbo-Wechselbehälter (*jumbo swap body*) mit einer Eckhöhe von 290 cm und mehr.

Just in sequence/JIS [engl.] Transport- und Produktionsprinzip (Lieferprinzip) als Weiterentwicklung des → Just-in-time-Verfahrens. Mit J. wird v. a. die arbeitsschrittgenaue Anlieferung von Bauteilen oder -gruppen bei Montagetätigkeiten sichergestellt.

Just in time/JIT [engl.] Transport- und Produktionsprinzip, das die rechtzeitige Materiallieferung an ein Fließband oder in das Regal eines Handelsbetriebs zum Ziel hat. Mit dem J.-Prinzip kann die richtige Ware und Warenmenge zum richtigen Zeitpunkt beim Empfänger sein, ohne zusätzliche Lagerung. Für Industriebetriebe bringt J. erhebliche Kostensenkungen durch verkleinerte Lagerbestände, geringere Lagerkosten und geringere Kapitalbindung. Andererseits besteht die Gefahr von Produktionsstillständen bei verzögerten Lieferungen. → Logistik

K

K-Punkt K-point → Auslagerungspunkt

Kalkulation, der Lagerkosten storage costs calculation Berechnung der Kosten für eingelagerte Ware. Die traditionelle K. umfasst die Kostenbereiche Ein-, Auslagerung, Umschlaggeräte, Lagerung sowie Verwaltung und Kommissionierung. Vgl. Kostenübersicht Seite 80 und 81. Es wird vielfach folgendes Kalkulationsschema verwendet:

Kalkulationsschema z. B. Preisermittlung für 100 kg	Diese Kosten beinhalten u. a.
Kosten der Einlagerung + Kosten der Auslagerung + Kosten der Umschlaggeräte	Lohn- und Umschlaggerätekosten (z. B. Gabelstapler) bei der Ein- und Auslagerung
= Umschlagkosten + Eigentliche Lagerungskosten + Lagerverwaltungskosten + Kommissionierkosten	Kalk. Abschreibung und Zinsen, Reparaturen, Versicherung, Energie, Verwaltung, Löhne
= **Lagerkosten (Selbstkosten)** + Gewinnzuschlag (in %)	
= **Nettoangebotspreis** + Umsatzsteuer (in %)	
= **Bruttoangebotspreis**	

Kanban-System [jap.] canban system Logistiksystem der verbrauchsorientierten Produktionssteuerung nach dem „Hol-Prinzip". Sobald in der Produktion Materialien aufgebraucht sind, wird durch Rückgabe einer Anforderungskarte (= Kanban) das Wiederauffüllen veranlasst.

Karussellregal automated carrousel → Regal mit horizontalem, zyklischen Umlauf; es arbeitet nach dem Prinzip → Ware zum Mann.

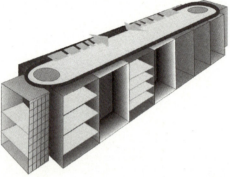

Karussellregal

Kassettenregal cassette shelf → Regale

Kennzeichnungsmittel marking instrument Packhilfsmittel mit Informationen für Transport- oder Lagervorgänge.

Kennzeichnungsmittel	Merkmal	Beispiel
Warnetikett *warning label/tag*	Weist auf Besonderheit des Transportgutes hin	Vorsicht Glas
Markierungsetikett *marking label/tag*	Weist auf spezielle Tatbestände hin, auch in Form von Begleitpapiertaschen	Lieferschein inliegend
Gefahrenetikett *danger label*	Symbolische und/oder schriftliche Gefahrguthinweise	Ätzend, reizend
Allgemeine Etiketten *universal labels*	Allgemeine Informationen	Adressetikett, Preisschild, MHD, Warencodes

Kennzeichnungspflicht responsibility for labelling/duty to mark

> Es ist die Pflicht des Absenders, das Gut zu verpacken und zu kennzeichnen (§ 411 HGB). Dies gilt entsprechend bei Lagergeschäften auch für den Einlagerer (§ 468 HGB). K. bedeutet, dass eine Sendung mit Aufklebern (Anhängern) zu versehen ist, die erkennen lassen, wie die Sendung zu behandeln ist, für wen sie bestimmt ist und aus wie vielen Packstücken sie besteht.

Kennziffern, für Lagerung storage ratios, depot codes

dienen der Berechnung und Beurteilung einer wirtschaftlichen Lagerhaltung.

Beispiele:

Kennziffer	Gibt an	Berechnungsformel
a) Bestandskennziffern		
Meldebestand *reorder level*	... wann eine Ware nachbestellt werden muss	Tagesverbrauch · Lieferzeit + Mindestbestand
⌀ **Lagerbestand** *average stock*	... wie hoch der ⌀ Bestand einer Zeitspanne war (z. B. pro Monat)	$\dfrac{\text{Anfangsbest.} + 12 \text{ Monatsendbestand}}{13}$
⌀ **Lagerdauer** *average stockholding period*	... wie lange eine Ware im ⌀ gelagert wird	$\dfrac{360 \text{ (Tage)}}{\text{Lagerumschlag}}$
Lagerreichweite in Tagen (stückbezogen) *storage reach in days*	... wie viele Tage der Lagerbestand ausreicht, um Lieferungen aufrecht zu erhalten	$\dfrac{\text{Lagerbestand (in Stück)}}{\text{Lagerabgang (in Stück) pro Tag}}$
b) Produktivitätskennziffern		
Flächennutzungsgrad *space utilization rate*	... wie viel % der Gesamtlagerfläche ausgenutzt werden	$\dfrac{\text{belegte Fläche} \cdot 100\,\%}{\text{Gesamtlagerfläche}}$

Kennziffern, für Lagerung

Kennziffer	Gibt an	Berechnungsformel
Höhennutzungsgrad *height utilization rate*	... wie viel % der Lagerhöhe ausgenutzt werden	$\dfrac{\text{genutzte Lagerungshöhe} \cdot 100\,\%}{\text{nutzbare Lagerungshöhe}}$
Raumnutzungsgrad 1 (umbauter Raum) *space utilization rate*	... wie viel % des umbauten Raumes die Lagergüter einnehmen	$\dfrac{\text{Lagergutvolumen} \cdot 100\,\%}{\text{Lagerraumvolumen}}$
Raumnutzungsgrad 2 (Regalvolumen) *space utilization rate*	... wie viel % des Regalvolumens die Lagergüter einnehmen	$\dfrac{\text{Lagergutvolumen} \cdot 100\,\%}{\text{Regalvolumen}}$
Lagerumschlag (Umschlaghäufigkeit) *stockturn*	... wie oft der ⌀ Lagerbestand verbraucht/verkauft worden ist (Schnell-, Langsamdreher)	$\dfrac{\text{Verbrauch (oder Wareneinsatz)}}{\varnothing \text{ Lagerbestand}}$
Lagerkapazitätsauslastung *storage capacity utilization*	... wie viel % der Lagerkapazität genutzt werden	$\dfrac{\text{tatsächl. Lagerkap.auslastung} \cdot 100\,\%}{\text{max. mögliche Lagerkap.auslastung}}$
c) Wirtschaftlichkeits- und Qualitätskennziffern		
⌀ **Lagerplatzkosten** *average costs per storage bin*	... wie viel EUR jeder Lagerplatz kostet	$\dfrac{\text{Gesamtkosten der Lagereinrichtung}}{\text{Lagerplatzanzahl}}$
Kommissionierkosten je Auftrag *picking costs per order*	... wie viel EUR pro Auftrag an K.kosten anfallen	$\dfrac{\text{gesamte Kommissionierkosten}}{\text{gesamte Kommissionieraufträge}}$
Lagerservicegrad *store service rate*	... wie viele Aufträge ab Lager bearbeitet werden konnten	$\dfrac{\text{Anzahl erfüllte Anford. ab Lager} \cdot 100\,\%}{\text{Anzahl eingegangene Anforderungen}}$

KEP-Dienste CEP services Kurier-, Express- und Paket-Dienste für eilbedürftige Kleinsendungen mit geringem Gewicht und Volumen. Die Leistungen sind nicht eindeutig abgrenzbar:
- Kurierdienste: individuell begleitete eilige Kleinsendungen
- Expressdienste: nationale/internationale Beförderungen mit garantierten Lieferzeiten und ohne Gewichtsbeschränkung
- Paketdienste: Nationale/internationale Beförderung mit Gewichts-/Maßbeschränkungen, in der Regel ohne Laufzeitgarantie

Kippindikator tilt indicator → Packhilfsmittel; zeigt an, ob ein Packstück unzulässig stark gekippt wurde. Bei zu starkem Kippen verändert sich die Markierungsfarbe im Aufkleber von Schwarz nach Rot.

Kofferaufbau box van body Fahrzeugaufbaute als geschlossener Kasten, auch mit Isolierwänden und Belüftungseinrichtungen möglich.

Kollo [it.] package Einzelpackstück, Packeinheit. Mehrzahl Kolli

Kombiverkehr / Kombinierter Verkehr combined/multimodal transport Gütertransporte, bei denen Container, Wechselbrücken usw. auf einer Transportstrecke von mindestens zwei unterschiedlichen Verkehrsmitteln (Lkw, Eisenbahn, See- oder Binnenschiff) befördert werden.

Kommission [lat.] commission im lagertechnischen Sinne die gemäß eines Auftrages zusammengestellt Warenmenge. → Kommissionieren

Kommissionieren [lat.] order picking operation, goods picking, pick and pack service Zusammenstellen auslieferungsfertiger Sendungen gemäß Auftrag des Produzenten, Händlers usw. Das K. kann manuell oder automatisch erfolgen. Manuell werden die Systeme → Mann-zur-Ware (MzW) und → Ware-zum-Mann (WzM) unterschieden.

Kommissionierer picking operative oder Greifer; Lagermitarbeiter, der einen Kommissionierauftrag bearbeitet.

Kommissionierkennzahlen picking key datas dienen der Beurteilung der Kommissionierleistung.

Kommissioniermethode

Kommissionier-kennzahl	Gibt an	Berechnungsformel
Kommissionierleistung *pick performance/rate*	… wie viele Positionen pro Mitarbeiter und Stunde kommissioniert werden (= Produktivität)	$\dfrac{3\ 600\ \text{Sekunden}}{\text{Kommissionierzeit in Sek./je Pos.}}$
Kommissionierkosten/Position *picking costs/pos.*	… was eine Kommissionierposition kostet	$\dfrac{\text{Betriebskosten/Std.}}{\text{Kommissionierleistung/Std.}}$
Kommissionierkosten/Auftrag *picking costs/order*	… was ein Auftrag kostet	$\dfrac{\text{Kommissionierkosten gesamt}}{\text{Auftragsanzahl}}$
⌀ **Zahl der Kommissionierpositionen je Auftrag** *average pick rate/order*	… wie hoch die ⌀ Kommissionierpositionen je Auftrag sind	$\dfrac{\text{Kommissionierpositionen gesamt}}{\text{Anzahl der Aufträge}}$
Fehlerquote in % *picking error rate*	… wie viel % der Kommissionierungen fehlerhaft waren	$\dfrac{\text{Kommissionierfehler} \cdot 100}{\text{Anzahl der Kommissionierungen}}$

Kommissioniermethode order picking method Art und Weise, wie eine → Kommissionierung durchgeführt wird. Es werden drei Methoden unterschieden (vgl. Tabelle S. 77)

Beispiel Abb. S. 77:
Bei der Methode *„auftragsorientierte, serielle Kommissionierung"* bearbeiten die Kommissionierer K1 und K2 jeweils einen Auftrags allein. Sie durchlaufen die Lagerzonen LZ 1 + 2 hintereinander (= seriell) und nehmen die erforderlichen Kommissioniervorgänge (drei) vor.

Kommissioniermethode

Kommissioniermethode	Merkmale	Vorteile	Nachteile
Auftragsorientiert, seriell *sequential order picking*	Auftrag wird in versch. Kommissionierzonen nacheinander bearbeitet	Einfache Durchführung, geringer Organisationsgrad	Lange Wege und Durchlaufzeiten
Auftragsorientiert, parallel *parallel order picking*	Trennung des Auftrags in Teilaufträge, gleichzeitige (parallele) Bearbeitung in mehreren Kommissionierzonen	Schnellere Durchlaufzeit	Organisationsgrad hoch, ungleiche Auslastungen der Kommissionierzonen
Serienorientiert, parallel *parallel sequential picking*	Aufträge werden zu Serien gebündelt und mehrfach täglich bearbeitet. Warenentnahme für die Serie und auftragsweise Zuordnung.	Je Serie nur ein Lagerplatzkontakt, dadurch Wegverkürzung	Organisationsgrad hoch, lange Durchlaufzeiten

Beispiel: auftragsorientierte, serielle Kommissionierung

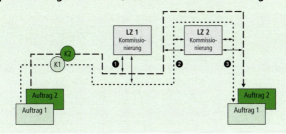

Kommissionierung

Kommissionierung order picking operation svw. Umsortierung; gelagerte Ware nach Kundenauftrag neu zusammenstellen. Hinsichtlich der Quittierungen wird unterschieden:
- K. **mit Beleg** (picking operation by pick list): Kommissionierer trägt auf einer K.liste Positionen ab. Die vollständige Bearbeitung wird von ihm auf der Liste quittiert.
- K. **ohne Belege** (paperless oder picking/POP-system): K.positionen werden auf einem Display angezeigt. Entnahmen werden durch Tastendruck quittiert. Nach Auftragsbearbeitung wird ein Lieferschein gedruckt.

Kommissionierungskosten oder picking costs zur Berechnung sind erforderlich: Gesamtgewicht der kommissionierten Ware, Zeitbedarf je Auftrag, Zeitbedarf je Kommissionierung von z.B. 100 kg, Personalkosten pro Stunde.

Beispiel:
4000 kg Lagergut werden auf Paletten mit je 400 kg kommissioniert. Zeitbedarf für eine Palette 20 Minuten. Eine Arbeitsstunde kostet 36,00 EUR.

K. pro Palette = $\dfrac{36\ \text{EUR} \cdot 20\ \text{Min}}{60\ \text{Min.}}$ = 12,00 EUR

→ K. pro 100 kg = 12 EUR : 4 = 3,00 EUR

Kommissionierzeit picking time Zeitraum für die Kommissionierung eines Kundenauftrages. Sie errechnet sich aus: Basiszeit + Wegzeit + Greifzeit + Totzeit (Nebenzeit) + Verteilzeit.

Basiszeit standard pick time	… für organisatorische/verwaltende Arbeiten vor/nach der Kommissionierung wie u.a. Suchen oder Bereitstellen von Paletten, Wagen, Behältern; Belege ordnen.
Wegzeit search time	… für die Wegstrecke zwischen zwei Entnahmen
Greifzeit picking time	… für Arbeiten bei der Regalentnahme (Pickzeit) wie u.a. Hinlangen, Greifen, Herausnehmen, Ablegen
Totzeit dead/idle/lost time	oder Nebenzeit … für Nebenarbeiten wie Beleglesen, Artikelsuche, Kontrollieren, Zählen, Beschriftungen

Verteilzeit *Process allowance*	… für unproduktive persönliche oder sachliche Zeitphasen. Hierzu gehören Toilettengänge, Arbeitsstockung, Warten auf Transportmittel.

Kommissionslager commission storage, consignment stock → Konsignationslager

Komplettierung [lat., frz.] completion Vervollständigung

Konfektionierung [lat.-frz.] confectioning, finishing Zusammensetzung von Bestandteilen zu einem Endprodukt gemäß Kundenanforderungen. Zur K. gehört die Versandabfertigung zzgl. Etikettierung.

Konnossement [frz.-it.] bill of lading, B/L handelbares oder begebbares (beleihbares) Warenwertpapier und wichtigste Urkunde bei Seebeförderungen. Es wird vom Verfrachter (*Carrier*) ausgestellt. Anspruch auf das K. hat, wer die Ware an das Schiff heranbringt, er wird als → Ablader bezeichnet. → Transportdokumente

Konsignationslager consignment stock/storage Warenlager, das ein Lieferant (= Konsignant) seinem Geschäftspartner im Ausland (= Käufer, Konsignatar) zur Verfügung stellt. Der Lieferant tritt vertraglich (Konsignationsvertrag) das Verfügungsrecht an den Käufer ab. Hierdurch wird dieser ermächtigt, in beliebiger Menge über das K. zu verfügen. Nach Entnahme der Waren erfolgt die Abrechnung seitens des Lieferanten.

Kontraktlogistik contract/third-party logistics (TPL) Vergabe von Logistiktätigkeiten an Logistikdienstleister über langfristige Verträge (= Kontrakte). Die K. ist u. a. in → Just-in-Time-Versorgungsketten und bei Gebietsspeditionssystemen für den Materialzulauf und die Teiledistribution etwa im Fahrzeugbau verbreitet.

konventionell [lat.-frz.] conventional herkömmlich; dem Brauch entsprechend

Kopf- und Seitenrampe covered head/side loading platform feste, oft überdachte Umschlaganlage, bei der Ladevorgänge von vorne oder seitwärts schnell und sicher mit Gabelstaplern, Hubwagen möglich sind. → Rampe

Kosten, der Lagerhaltung storage costs vgl. Übersicht S. 71

Kosten der Lagerhaltung (Übersicht) für einzelne Leistungsbereiche

Leistungsbereiche				
①	②	③	④	⑤
Einlagern (Umschlag 1) *storage*	**Lagern** *storage, warehousing*	**Kommissionieren** *order picking (process)*	**Auslagern (Umschlag 2)** *retrievel*	**Lagerverwaltung** *store/ warehouse management*
Entladen Eingangskontrolle Stellplatzzuordnung Stapelung/ Einlagerung	Aufbewahrung im Lagerraum Kontrollen Umlagerung	Auftragsgemäße Zusammenstellung Ggf. zusätzlich: Preisauszeichnung Etikettierung Verpackung u. a. m.	Kontrolle Ladungssicherung Versandfertige Bereitstellung Verladen	Inventuren Lagerbuchhaltung Fakturierung Dokumentenerstellung u. a. m.
Umschlagkosten *handling costs*	**Lagerungskosten** *storage costs*	**Kommissionierkosten** *order picking costs*	**Umschlagkosten** *handling costs*	**Lagerverwaltungskosten** *warehouse overhead charge/costs*
Umfassen Kosten für:				
Personal, Geräte (Gabelstapler, Hubwagen) usw. Sonstiges	Lagergebäude und -einrichtung, Reparaturen, Versicherung, Wartung, Energie, Reinigung, Sicherung, Verwaltung	Personal, Kommissioniergeräte, Maschinen, Kommissionierräume, Verwaltung	Personal, Geräte (Gabelstapler, Hubwagen usw.) Sonstiges wie Verpackung etc.	Personal, Büroräume, Büroeinrichtung, Verwaltung
Summe = Lagerbetriebskosten zzgl. anteilige „Allgemeine Verwaltungskosten/AVK" **Summe = Gesamtkosten (Selbstkosten)**				

Kostenvergleich Eigen-/Fremdlagerung

Umrechnung der Kosten in einen …				
Einlagerungssatz je …	**Lagerungssatz** je …	**Kommissioniersatz** je …	**Auslagerungssatz** je …	**Lagerverwaltungssatz** je …
• 100 kg • Palette	• m²/Monat Nutzfläche • Palettenplatz • 100 kg/Monat	• 100 kg • Palette	• 100 kg • Palette	• m²/Monat Nutzfläche • Palettenplatz • 100 kg/Monat

Kosten (je Auftrag)
+ angemessener Gewinn

= **Lagerentgelt**

Kostenvergleich Eigen-/Fremdlagerung cost comparison internal storage/contract storage um ihre Liefersicherheit zu garantieren, unterhalten Handels-/Industrieunternehmen oft eigene Lager. Ob die Eigen- der Fremdlagerung vorzuziehen ist, wird durch Kostenvergleich ermittelt.

Beispiel:

Eine Druckerei benötigt für Lagerungen 300 m² pro Jahr Lagerfläche. Das eigene Lager ist 400 m² groß und verursacht pro Jahr 15 000,00 EUR Fixkosten und 30,00 EUR/m² variable Kosten. Ein Lagerhalter bietet die Lagerung für 60,00 EUR/m² jährlich an. Es ist die sog. kritische Lagerfläche zu errechnen, bei der die Kosten für die Eigen- und Fremdlagerung gleich hoch sind.

Rechnerische Lösung:

Kosten der Fremdlagerung (FL)   Kosten der Eigenlagerung (EL)
$$60x = \qquad 15\,000 + 30x$$
$$30x = \qquad 15\,000$$
$$x = \qquad 15\,000 / 30 = \underline{500\ m^2}$$

Bei 500 m² sind die Kosten für FL und EL gleich. Somit ist im vorliegenden Fall die FL (300 m² × 60 = 18 000,00 EUR) günstiger als die EL (15 000,00 + 9 000,00 = 24 000,00 EUR).

Kragarmregal

Grafische Lösung:

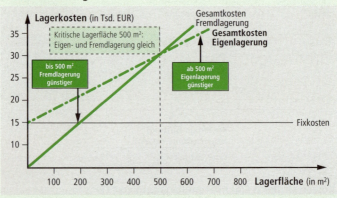

Kragarmregal cantilever rack Lagertechnik, bei der auf Ständern mit ein- oder zweiseitig vorstehenden Metallarmen Langgüter (Rohre, Stäbe usw.) gelagert werden. → Regale

Kreiskettenförderer overhead chain conveyor flurfreier → Stetigförderer, der mittels Förderkette an der Decke in Schienen geführte Laufwagen mit Fördergütern zieht.

Kreislaufwirtschafts- und Abfallgesetz/KrW-/AbfG industrial and commercial waste management act Gesetz zur Förderung der Kreislaufwirtschaft und Sicherung der umweltverträglichen Beseitigung von Abfallstoffen sowie zur Schonung der natürlichen Ressourcen. Als Kreislauf wird die Prozess- und Logistikkette Produktion-Konsum-Wiederverwertung (Recycling) verstanden. Ziel des K. ist es, Güter und Stoffe, die nicht mehr benötigt werden (Verpackungen usw.) dem Recycling zuzuführen.

Kubage [frz.] cubage, cubic volume Rauminhalt, i. d. R. in Kubikmetern (cbm, m³) ausgedrückt

Kühlkette refrigerated chain ununterbrochene Kühlung von sog. temperaturgeführten Gütern wie etwa Lebensmitteln in Transportketten.

Ladegeräte loading equipment Hilfsmittel zum Auf-, Um- und Abladen. Hierzu zählen a) Gabelhubwagen für Paletten; b) → Gabelstapler für Güter, die in Höhen gelagert werden; c) Kräne für Schwerlasten oder Container.

Ladehilfsmittel/LHM load carrying device, load handling accessory Transportsicherungsmittel wie u.a. Ketten, Keile, Bretter, Balken, Stützen, Gitter, Seile, Gurte, Matten. L. verhindern, dass die Ladung während des Transports verrutscht. Mangels Vereinbarung ist das L. vom Absender zu stellen (§ 412 HGB, Ziff. 4.1.3 ADSp). → Zurrmittel

Ladeliste freight/loading/packing list, manifest → Bordero → Manifest

Lademeter/LDM loading meter Berechnungseinheit im Lkw-Verkehr. Ein Sattelauflieger mit einer Ladelänge von 13,60 m hat 13,6 LDM. Umgerechnet auf EUR-Palettenstellplätze gilt: eine Europalette wird mit 0,40 L. verrechnet (0,80 m Ladelänge zu 2 Paletten oder 1,20 m Ladelänge zu 3 Paletten siehe auch Abb. S. 84).

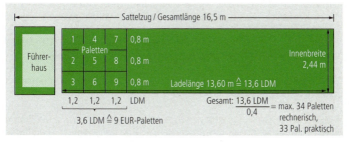

Lademittel

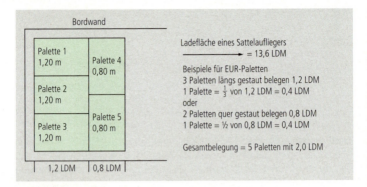

Lademittel load accessory Sammelbegr. für alle Transporthilfen, auf/in denen Güter verstaut werden, als L. gelten Paletten, Boxen usw.

Ladeplan cargo/loading plan, load sheet Stauplan; Planungsunterlage für Verladungen; in der Schifffahrt auch Arbeitsunterlage für Schiffsführung oder Staubetriebe mit Angaben über zulässige Deckbelastungen, Tragfähigkeiten, Abmessungen, Stauhöhen, Laderaumvolumen, Tiefgang usw. Ein L. wird auch bei Lkw-, Container- oder Bahnwagenverladung verwendet. → EUR-Palettenladepläne

Ladeschluss closing (for cargo) Datum und/oder Uhrzeit, bis zu dem eine Ladung vom Frachtführer übernommen wird.

Ladezeit loading time oder Ladefrist; vereinbarte Zeit, um eine Ladung einladen zu lassen. Die L. hängt maßgeblich vom Ladungsgewicht ab, sie ist gesetzlich – bis auf die Binnenschifffahrt – nicht geregelt.

Ladung cargo, load, shipment die in einem Beförderungsmittel befindliche oder für einen Transport zusammengestellte Gütermenge.

Ladungssicherung goods/load securing → Verladung, betriebssicher bzw. beförderungssicher

Lager warehouse, storehouse Raum oder Anlage für die gewerbliche Bereit- bzw. Vorratshaltung durch den → Lagerhalter (auch Spediteurlagerhalter genannt), der einen → Lagervertrag mit dem → Einlagerer abschließt und Lagerdokumente ausstellt. Die L.nutzung kann aus transport-, beschaffungs-, produktions- oder absatzbedingten Gründen erfolgen. Es werden verschiedene → Lagerarten unterschieden.

Lagerarten/-formen types of warehouse Die gewerblichen Lager können nach verschiedenen Merkmalen gegliedert werden (→ Regal/Regalarten).

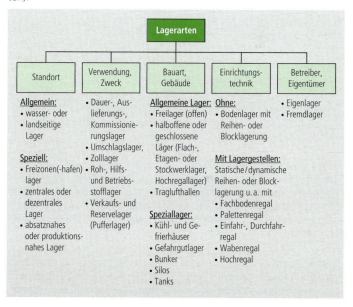

Lagerbestand stock on hand, stockpile mengen- oder wertmäßiger Bestand an Artikeln. → Kennziffern, für Lagerung

Lagerdauer period of stockage/warehousing eine Lagerung endet mit Ablauf der im Lagervertrag vereinbarten Zeit, der Lagerhalter kann die Rücknahme des Gutes durch den Einlagerer verlangen.

> § Nach § 473 HGB kann der Einlagerer das Gut jederzeit herausverlangen. Ist der Lagervertrag auf unbestimmte Zeit geschlossen, kann der Einlagerer ihn nur unter Einhaltung einer Kündigungsfrist von einem Monat kündigen, es sei denn, es liegt ein besonderer Grund vor. Die Frist von einem Monat gilt auch für den Lagerhalter, wenn eine unbefristete L. vereinbart worden ist. Liegt ein wichtiger Grund vor, kann der Lagerhalter auch vor Ablauf der L. und ohne Einhaltung der Kündigungsfrist die Rücknahme des Gutes verlangen.

Lagerdokumente warehouse/store documents → Lagerempfangsschein → Lagerschein → FWR

Lagerdurchsatz warehousing throughput Messgröße für die Ein- und Auslagerungskapazität. Der L. kann als ⌀ pro Tag, Woche oder auch Stunde errechnet werden.

Lagerempfangsschein warehouse receipt oder Lagerquittung, Eingangsmeldung; formfreie Bescheinigung des Lagerhalters. Der L. ist kein Warenwertpapier oder Schuldschein. Der Lagerhalter ist nicht verpflichtet, das Gut bei Vorlage des L. an den Vorzeiger herauszugeben. Er ist berechtigt, aber nicht verpflichtet, die Legitimation des Vorzeigers eines L. zu prüfen.

Lagerentgelt warehouse/storage charges oder Lagergeld; vereinbarte Vergütung für die gewerbliche Lagerung. Die Abrechnung erfolgt meist nach Kalendermonaten. Berechnungsgrundlage können u. a. Gewicht, Stückzahl, Lagerfläche, Volumen, Dauer, Nebenleistungen usw. sein (→ Kosten der Lagerhaltung). Der Lagerhalter hat gem. §§ 467, 474 HGB Anspruch auf das L. sowie auf Ersatz von Aufwendungen, sofern diese notwendig waren.

Lagerfach bin, bay Teil des Fachbodenregals und kleinste verwaltbare Lagerfläche; das L. ist wegen seiner Kleinkammerung i. d. R. „artikelrein" belegt. → Lagerplatz

Lagerhalter stockist, stockholder, warehouse keeper derjenige, der eine verfügte, gewerbliche Lagerung durchführt. Der L. verpflichtet sich durch den → Lagervertrag, Güter für den Einlagerer zu lagern und aufzubewahren. Er ist Kaufmann gem. HGB, sofern sein Gewerbe einen in kaufmännischer Weise eingerichteten Geschäftsbetrieb erfordert. → Haftung des Lagerhalters

Lagerhalterhaftung stockist's/stockholders liability → Haftung des Lagerhalters

Lagerhilfsmittel storage accessory Geräte und Packhilfen wie Behälter, Paletten, Kassetten, Schubladen, Sichtkästen u. a. m.

Lagerkennziffern inventory turnover ratios → Kennziffern, für Lagerung

Lagerkosten/-kalkulation storage costs, storage costs calculation → Kalkulation, der Lagerkosten

Lagerlogistik warehouse logistics selbstständiger Teilbereich der Logistik. Sie umfasst alle Aufgaben, die mit der Planung und Steuerung von

Lageranlagen in Zusammenhang stehen sowie alle lagernahen Arbeiten. Hierzu gehören Ein- und Auslagerung, Warenpflege und -manipulation, Inventur, Warenannahme und -eingangsprüfung, Kommissionierung u. a. m.

Lagerpauschale warehouse flat rate Geldbetrag, der Kosten für Ein-, Auslagerung und die eigentliche Lagerung für einen Zeitraum umfasst.

Lagerplatz storage facility/place/position Stelle, an dem sich ein Lagergut befindet. Der L. kann in automatischen Lagern einzeln adressiert sein. Bei der → chaotischen Lagerung wird er ohne feste Adresse jeweils neu bestimmt und elektronisch registriert. Bei Hochregallagern können zur Bestimmung eines L. dreidimensionale Raumkoordinaten verwendet werden. → Lagerfach

Lagerrisiko storage risk → Elementarrisiko

Lagerschein warehouse warrant (W/W)/receipt übertragbares Warenwertpapier, mit dem der Lagerhalter die Einlagerung bestätigt und sich verpflichtet, die Ware nur gegen Rückgabe des L. wieder herauszugeben. Im Gegensatz zum Lagervertrag, der das Vertragsverhältnis zwischen Lagerhalter und Einlagerer regelt, ist der L. für das Rechtsverhältnis zwischen dem Lagerhalter und dem legitimierten Besitzer maßgebend.

Lagerscheinart →	Namens- (Rekta)lagerschein *registered warehouse receipt*	Orderlagerschein *negotiable warehouse receipt*	Inhaberlagerschein *warehouse warrant to bearer*
Rechtsgrundlage	§§ 475c–475g HGB oder Lagerhausbedingungen		
Ausstellung und Aussteller	allgemein üblich, durch jeden Lagerhalter		selten, durch jeden Lagerhalter
Herausgabeanspruch auf Lagergut hat …	nur der namentlich Genannte; Anspruch nur auf aktuellen Warenbestand, Teilauslieferungen werden verrechnet	nur der namentlich Genannte oder dessen Order (= übertragbar); Anspruch auf alle aufgeführten Güter	nur der Inhaber des Papiers; Anspruch nur auf aktuellen Warenbestand, Teilauslieferungen werden verrechnet

Lagerschein

Übertragung durch ...	Zession (Abtretungserklärung)	Indossament	Einigung und Übergabe
Charakter	Wertpapier (übertrag- bzw. handelbar) mit Herausgabeanspruch, Sperrpapier		
FIATA Warehouse Receipt FWR	• Internationaler Lagerschein, Rechtsgrundlage ADSp oder standardisierte Geschäftsbedingungen • rechtlich dem Orderlagerschein vergleichbar • kann von Lagerhaltern auf Verlangen ausländischer Einlagerer ausgestellt werden		

Beispiel: Namenslagerschein (Vorderseite)

Lagerschein-Abschreibung

Lagerschein-Abschreibung warehouse receipt write-down bei Teilauslieferung von Gütern kann eine L. über die Teilmenge(n) auf der Rückseite des Lagerscheins erfolgen.

Lagerspiegel storage report, space exploitation Belegplan, Übersicht über die aktuelle Belegung der Lagerplätze.

Lagerspiel storage cycle Zyklus einer Ein- oder Auslagerung. → Spiel

Lagerung, gewerblich/transportbedingt a) gewerblich (commercial warehousing): per → Lagervertrag vereinbarte Bereitstellung geeigneter Lagerflächen; der Lagerhalter verpflichtet sich, die Lagerung und Aufbewahrung des Gutes vorzunehmen; b) transportbedingt (transport-oriented storage): sog. Umschlaglagerung; erfolgt im Rahmen von Transport- oder Speditionsaufträgen (→ Sammelladungsverkehr) und ist i.d.R. nicht separat zu zahlen, sofern Fristen nicht überschritten werden. Es wird kein Lagervertrag geschlossen.

Lagerversicherung storage/warehouse insurance Sachversicherung für Lagergüter zur Abdeckung von Gefahren aus **Feuer, Einbruchdiebstahl, Leitungswasserschäden** und **Sturm** (→ Elementarrisiken). Die L. erstreckt sich stets mindestens auf Gefahren aus Feuer, die anderen Risiken werden wahlweise gedeckt. Die Haftung ist auf den entstandenen Güterschaden, maximal den Wert des Gutes bzw. die Versicherungssumme beschränkt. Eine L. wird nur abgeschlossen, wenn der Einlagerer einen Auftrag erteilt. Die Prämienhöhe richtet sich nach der Art des Lagergutes, der Bauart und den Sicherheitsstandards des Lagers sowie dessen örtliche Lage. → Haftung des Lagerhalters

Lagervertrag storage/warehousing contract formfreier Vertrag, um eine vom Einlagerer verfügte (= angeordnete) Lagerung vertraglich abzusichern.

> § Im L. verpflichtet sich der Lagerhalter, das Gut zu lagern und aufzubewahren (§§ 467ff. HGB, → Aufbewahrung). Der Einlagerer verpflichtet sich, die vereinbarte Vergütung zu zahlen. Der L. beinhaltet die Lagerbedingungen, er kommt

> durch übereinstimmende Willenserklärungen zustande (Konsensualvertrag). Zwecks Absicherung der getroffenen Absprachen wird ein schriftlicher Abschluss empfohlen.

Der L. soll u.a. Angaben enthalten zu: Vertragsparteien, -gegenstand, -dauer, Lagermenge, Wert, Aufgaben des Lagerhalters, Entgelte und Auslagenersatz, Nebenabreden. Werden kurzzeitig Sammelgüter aufgrund eines → Speditionsvertrages gelagert, liegt kein L. im Sinne des HGB vor, sondern eine auftragsbedingte Vor-, Zwischen- oder Nachlagerung, die nicht dem Lagerrecht unterliegt. Arten und Rangfolge von L.:

Art des Lagervertrags	Rechtsgrundlage(n)	Merkmale
① **Individualvertrag**	Besondere Lagerbedingungen	Einzelvertragliche Vereinbarung mit speziellen Regelungen
② **ADSp-Vertrag**	Ziff. 15, 24 ADSp als allgemeine Geschäftsbedingungen	Ergänzt/präzisiert die HGB-Regelungen u.a. bei: Lagerortwahl durch Lagerhalter, Besichtigungsrecht und Haftungspflicht des Einlagerers, Saldierung von Inventurdifferenzen, Kündigungsfrist.
③ **HGB-Vertrag**	§§ 467–475h HGB als gesetzliche Regelungen	Gesetzliche Regelungen des Lagergeschäftes
④ **BGB-Vertrag**	§§ 688–700 BGB als gesetzliche Regelungen	Verwahrungsgeschäft

Lagerzone storage area/zone Aufteilung eines Lagers in Arbeitsbereiche (= Zonen). Bspw.: Eingangs-, Kommissionier-, Verladezone.

Langsamdreher slow-moving products Lagerartikel mit geringer Umschlaghäufigkeit. Ggs. Schnelldreher

laschen to lash/strap Zusammenbinden, Festzurren, Festmachen, Verspannen oder Verstreben von Gütern z.B. an Deck von Seeschiffen oder bei einer Containerladung. → Stauerei

LCL [engl.] Abk. für Less than Container Load → FCL/FCL

Leckage

Leckage [frz.] leakage Teilverlust bei Flüssigut in Folge Durchsickerns

Leergut empties, empty pallets gebrauchtes Verpackungsmaterial; es wird Warenkäufern in Rechnung gestellt und gegen ganze oder teilweise Rückvergütung wieder zurückgenommen.

Licence Plate [engl.] Nummernschild, Identifikationsaufkleber; eindeutige Bezeichnung eines Lager-/ Ladegutes mit einem → Barcode- oder einem Transponder-Label. (→ RFID)

Lieferschein consignment note C/N, delivery order formfreies Dokument mit zweifacher Bedeutung. a) Warenbegleitpapier mit Angaben über Art und Menge der Ware, ferner Kontroll- und Quittungsunterlage beim Wareneingang und bei Zustellungen im Werkverkehr. b) Anweisung an einen Lagerhalter, Waren an die genannte Person auszuliefern (Abnahmeschein). Wurde ein → Lagerschein ausgestellt, muss dieser zwecks Absetzung der ausgelieferten Ware übergeben werden.

LIFO [engl.] last in first out → Einlagerungsprinzip

Lift-on/Lift-off, LoLo [engl.] svw. hineinheben, hinausheben; vertikale Umschlagverfahren mit Kranen, auch als load on/load off-Verfahren bezeichnet. Ggs. → Ro-Ro

Limited Quantities/LQ [engl.] begrenzte Mengen; Gefahrgüter, die in Kleinmengen vorschriftsmäßig verpackt befördert werden sollen, können als L. von Gefahrgutvorschriften befreit werden.

Loco-Güter loco goods/commodities örtliche oder lokale Güter; Begr. beim Sammelgut für Güter, die am Ort des Empfangsspediteur zugestellt werden.

Log-Box [engl.] Logistik-Box, auch als Paletten-Box (Pal-Box); mehrfach verwendbarer und stapelbarer Karton aus Wellpappe, zusammenlegbar und recycelfähig, als Halbpalette mit den Maßen $80 \times 60 \times 103$ cm; Nutzlast bis 250 kg.

Logistik

Logistik AGB Allgemeine Geschäftsbedingungen für Logistikverträge
general terms of logistic contracts vorformulierte, standardisierte Vertragsinhalte für Logistikverträge.

Logistik logistics Oberbegriff für alle Planungs- und Entwicklungsarbeiten bei raum- und zeitüberwindenden Material- und Güterströmen, insbesondere Transporte und Lagerungen im Beschaffungs-, Produktions- und Absatzbereich von Unternehmungen. Im Einzelnen existieren Güterströme
- aus dem Beschaffungsmarkt in das Unternehmen (Beschaffungslogistik),
- innerhalb der Unternehmung (Produktionslogistik),
- vom Unternehmen in die Absatzmärkte (Distributions- oder Absatzlogistik) sowie
- als Entsorgung oder Rückführung von Produkten oder Abfällen (Entsorgungslogistik).

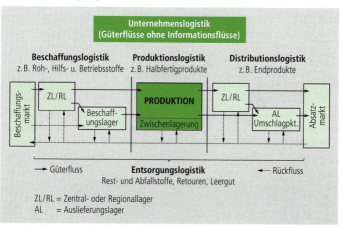

Im weiteren Sinne umfasst die L. den gesamten Warenfluss von der Beschaffung über die Produktion bis hin zum Absatz beim Empfänger. Dieses zusammenhängende Fließsystem oder Güternetzwerk wird durch Datenkommunikationssysteme gesteuert. Das Wort L. geht auf militärische Ursprünge zurück. Es wird abgeleitet aus dem Wortstamm Logos (gr.: Verstand, Rechenkunst) sowie dem Wortstamm Loger (germ./frz. für versorgen, unterstützen).

Logistikkette logistics chain Abfolge mehrerer aufeinanderfolgender Transportschritte. Die L. sichert die Liefer- und Wertschöpfungskette (= *supply chain*) eines Erzeugnisses.

Logistikvertrag logistics contract Vertrag über eine umfangreiche Zusammenarbeit von Auftraggeber und Spedition/Lagerhalter. Ein L. regelt Aufgaben, die über die klassische Speditionstätigkeit hinaus reichen. Im Wesentlichen sind dies logistische Arbeiten, die eine physische Veränderung der Güter nach sich ziehen und damit nicht mehr unter das Speditionsrecht fallen. Beispiele: Preisauszeichnungen, Regalbedienungen, Fertigungs- oder Montagearbeiten, Warenmanipulationen wie Aufbügeln, Bearbeiten usw.

Löschen unloading Schiffsentladung; die Bereitschaft zum L. ist dem Empfänger anzuzeigen. Die Kosten des L. trägt im Regelfall der Empfänger.

Luftfracht-Rechtsgrundlage airfreight legal basis → Frachtführerhaftung

Luftpolsterfolie bubble wrapping Packhilfsmittel zum Schutz von Oberflächen oder für Güter mit hohem Bruchrisiko. L. enthalten zwischen verschweißten Kunststofffolien mit Luft gefüllte Noppen. Als Luftpolsterbeutel dienen sie zur Auspolsterung von Packstücken. → Füllmittel/-stoff

Make-or-buy/MOB [engl.] svw. „selbst machen oder einkaufen"; Überlegungen einer Unternehmung, ob sie selbst eine Leistung oder ein Produkt erzeugt oder von fremden Unternehmungen erbringen lässt. Die M.-Entscheidung führt somit zur Frage des → Outsourcing.

Manifest [lat.-span.] manifest, shipping bill Ladungsverzeichnis → Bordero

Manipulation [lat.-frz.] manipulation Handlungen an Transport- oder Lagergütern wie z.B. Bemustern, Kommissionieren, Verpacken, Neutralisieren (Herkunftszeichen entfernen), Auszeichnen.

Manko [lat.-it.] deficit Fehlbetrag in Geld (*cash short*) oder Fehlmenge an Gewicht (*underweight*), Stückzahl oder Maß. M. wird als Differenz zwischen den Angaben von Fracht-/Lagerpapieren und dem Ergebnis von Nachprüfungen errechnet.

Mann-zur-Ware/MzW man to good, man to materials/MtM System der → Kommissionierung, bei dem der Kommissionierer zu den gelagerten Artikel geht oder fährt, auch statische Bereitstellung genannt. Das M.-System ist vorteilhaft, wenn
 • wenig Investitionsaufwand in Lagertechnik vorgesehen ist,
 • Eilaufträge bearbeitet werden müssen,
 • die Entnahmezeiten am Regal gering sind.
Nachteilig sind lange Wegezeiten für die Kommissionierer. Ggs. → Ware-zum-Mann

Markierung labelling, marking, marks ist sachgerecht vom Absender vorzunehmen. Eine vollständige M. enthält: Anschrift des Absenders/

Maßgut

Empfänger, Bestimmungsort, Versandort, Packstück-Buchstaben oder Zeichen/Nummern oder beides kombiniert. Im Überseetransport ferner: Bestimmungshafen, Ursprungsland, Brutto-, Netto- und ggf. Taragewicht. Die M., die sich auf die Behandlung des Gutes bezieht, wird als → Vorsichtsm. bezeichnet.

Beispiel einer Überseemarkierung:

BICORP.[1]	[1] *consignee's mark*	Kennzeichen des Empfängers
1450-08[2]	[2] *order number*	Auftragsnummer
SINGAPORE[3]	[3] *port of destination*	Bestimmungshafen
2/5[4]	[4] *number/total number of package(s)*	Kollo-Nr. 2/Gesamtzahl 5 Kolli
GROSS WT 5400 KG[5]	[5] *gross/net weight*	Brutto-/Netto-Gewicht in kg
NET WT 5000 KG	[6] *dimensions*	Abmessungen des Kollo in cm
230 × 150 × 120 cm[6]	[7] *mark of origin*	Ursprungs-/Herkunftshinweis
MADE IN GERMANY[7]		

Maßgut measurement goods Ladungsstück, bei dem das Maß in cbm das Gewicht in t (Basis 1:1) übertrifft. Die Frachtabrechnung erfolgt nach Kubikmaß. Ggs. Gewichtsgut

Mehrweg-Transportverpackungen/MTV multi-way packaging, reusabletransport packaging/RTP Verpackungen wie u.a. EUR-Paletten, Container. M. werden vielfach in Pool- oder im Pfandverfahren betrieben.

Mehrwertdienstleistungen value added services in der Lagerlogistik jene Dienstleistungen, die über die traditionellen Aufgaben (Ein-, Auslagern, Lagern) hinaus gehen. Dies können u.a. Bestandsführung, Verpackungen, Reparaturen, Montagen, → Tracking and Tracing, Lieferservice, Inkasso, Etikettierung sein.

Meldebestand order point/level, reorder level oder Bestellpunkt; Bestandshöhe einer gelagerten Ware, bei deren Erreichen eine Nachbestellung erfolgt → Kennziffern, für Lagerung → Bestellpunktverfahren

messend measuring → x-mal messend → Maßgut

metrisches System metrical system Maß- und Gewichtssystem, basierend auf dem Meter (= 1/40 000 000 des Erdumfangs) und dem Kilogramm (= 1 Liter Wasser bei 4°C). Die Vermessung von Frachtstücken, insbes. im Seeverkehr, kann neben dem m. auch nach dem englischen Maß- und Gewichtssystem erfolgen.

Mindestbestand reserve stock, minimum inventory/level auch Reserve-, Sicherheits- oder Eiserner Bestand genannt. Er soll nur in Notfällen angegriffen werden und umfasst im Regelfall die Menge von drei Tagesumsätzen. → Bestellpunktverfahren

Mini-Breakaway [engl.] nummerierte Seilplombe aus nichtrostendem verzinkten Stahl. M. können nur mit Seilschere oder Bolzenschneider entfernt werden. → Tyden Seal

Mischpalette mixed pallet → Palettierungsform

Mittelcontainer medium-sized container → Pa-Container

Multimodal Transport Operator/MTO [engl.] oder Combined Transport Operator/CTO derjenige, der vertraglich die Gesamtverantwortung für einen → multimodalen Transport übernimmt. Der M. ist verantwortlich für die Ablieferung der Güter am Zielort, für alle von ihm eingesetzten Frachtführer sowie für Dritte (Umschlag-, Stauerei-, Lagereiunternehmen). Der M. wird durch die Ausstellung eines → FBL zum Carrier. → Frachtführerhaftung

multimodaler Transport/Verkehr multi-modal transport Güterverkehr mit verschiedenartigen (= multimodalen) Verkehrsmitteln, wobei die Ladeeinheit (Trailer, Container usw.) durchgehend benutzt wird. Ggs. unimodaler Transport

Multimodalrecht

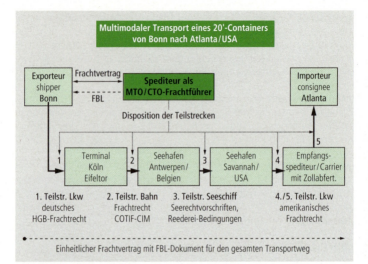

Multimodalrecht multi-modal transport legislation Bestimmungen mit speziellen Haftungsregeln (§§ 452 ff. HGB) für kombinierte bzw. → multimodale Transporte. Anwendungsbedingungen:
- Abschluss eines einheitlichen Frachtvertrags für die Gesamtstrecke
- Verwendung technisch verschiedener Beförderungsmittel
- Geltung unterschiedlicher Transportrechte auf den Teilstrecken

Diese Bedingungen sind bei dem Transportfall Bonn – Atlanta (siehe Grafik oben) erfüllt. Das M. nach HGB sieht bei Schadenregelungen zwei Varianten vor (§ 452a HGB):
- **bekannter Schadenort**: der → Multimodal Transport Operator/MTO haftet als Frachtführer nach dem Recht der Teilstrecke.
- **unbekannter Schadenort**: Der MTO haftet nach HGB bis zu 8,33 SZR/kg brutto für Güterschäden bzw. Verlust sowie bis zum Dreifachen der Fracht bei Lieferfristüberschreitung.

N

Nabe-Speiche-System → hub and spoke

Nachnahme cash/collect on delivery/C.O.D. Vereinbarung, dass der Frachtführer bei der Güterauslieferung einen Geldbetrag einzieht.

> Ist eine N. vereinbart, so ist gem. § 422 HGB anzunehmen, dass der Betrag in bar oder in Form eines gleichwertigen Zahlungsmittels – z.B. electronic cash – einzuziehen ist. Wird das Gut ohne N. abgeliefert, so haftet der Frachtführer, auch ohne Verschulden, für den daraus entstehenden Schaden, jedoch nur bis zur Höhe des N.-Betrages.

Nachträgliche Weisung subsequent order → Weisung

Namenslagerschein registered warehouse receipt → Lagerschein

Nämlichkeit identity Übereinstimmung, Identität; bei Zollverfahren kann die N. einer Ware geprüft werden, indem die Ware mit den Angaben in den Papieren verglichen wird. Als Nämlichkeitssicherung (*identification, proof of identity proceedings*) wird ein zolltechn. Verfahren bezeichnet, bei dem durch Verwendung von Zollschlössern, -plomben, -siegel, -plaketten oder -stempel u.a.m. eine Ware gesichert und nicht mehr unbemerkt entwendet, vertauscht oder verändert werden kann.

Nebengebühren/-entgelte additional charges Entgelte für nicht regelmäßige Zusatzleistungen wie Wiege-, Stand-, Lade-, Entlade-, Verpackungsgelder oder Dokumentengebühren.

Negotiable [lat.-engl.] übertragbar, handelbar; Begr. für die Handelsfähigkeit von Waren oder Wertpapieren wie u. a. dem → Lagerschein. Ggs.: *not negotiable* nicht handelbar

Nestbarer Behälter nestable boxes Behälter, die leer zur Raumeinsparung ineinander gestellt (geschachtelt) werden können und somit eine Art „Nest" bilden.

Neutralisierung neutralization Entfernen von Herkunftszeichen an Packstücken

Nichtgemeinschaftswaren/NGW non-Community goods, non-EU-goods oder Drittlandswaren; werden N. in die EU eingeführt, sind sie unverzüglich und unverändert der zuständigen Zollstelle vorzuführen (= Gestellung). Gestellungspflichtig ist, wer die N. in das Zollgebiet gebracht hat.

Niederzurren to lash down Methode der Ladungssicherung, bei der ein Gut durch → Zurrmittel auf die Ladefläche gepresst wird und somit die Reibungskraft (= Sicherheit) erhöht. Häufiges Zurrmittel ist der Chemiefaser-Zurrgurt. Er wird über das Ladegut  geführt, auf der Ladefläche verankert und mit einem Spannelement (Ratsche) gespannt. Das N. ist nur für formstabile Ladungen (z. B. Kisten) geeignet. Ladungsschäden durch N. können durch Kantenschutz (Kantengleiter) minimiert werden.

Normalaufbauten normal vehicle superstructure Lkw-Ladeaufbau in Form einer Plane/Spriegel-Konstruktion. Die Aufbautenlänge wird vom Radstand des Fahrzeuges bestimmt. Ggs. Spezialaufbauten wie u. a. Koffer-, Tank-, Siloaufbau.

Normalbox standard container allgem. Bezeichnung für Stückgutcontainer mit einer Tür an der Stirnwand und einer Länge von 20 oder 40 Fuß; geeignet für jede normale Ladung. Boden und Seitenwände sind innen mit Ösen versehen, um die Ladung zu verzurren und zu sichern. → Container

Notify address [engl.] Melde- oder Benachrichtigungsadresse; Anschriftenangabe desjenigen, der von der Warenankunft zu benachrichtigen ist. Die N. ist wichtig für Mitteilungen oder Rückfragen bzgl. der Abnahme der Güter.

Notverkauf emergency sale, bail-out oder Selbsthilfeverkauf → Pfandverkauf

> § Drohen Güter zu verderben und sind Verfügungen des Auftraggebers nicht zu erhalten oder bleiben diese aus, können Spediteure und Lagerhalter einen N. vornehmen (§ 373, § 471 HGB; Ziff. 9.2 ADSp). Dies bedeutet, dass die Güter für Rechnung des Auftraggebers versteigert werden können.

Nutzlast payload Höchstlast, die ein betriebsfertiges Fahrzeug bzw. ein Behälter tragen kann, ohne dass Begrenzungen (Achslasten) und das zulässige Gesamtgewicht überschritten werden. Bei Containern wird die N. im Regelfall auf der Endwandtür in kg und lbs (*pounds*) ausgewiesen.

NVE Abk. für Nummer der Versandeinheiten serial shipping container code/SSCC 18-stelliger Code für die Registrierung von Versandeinheiten (Packstück, Palette, Container usw.). Die N. wird meist durch mobile Datenerfassungsgeräte (MDE) an → Schnittstellen registriert, sie ist damit Grundlage für die Sendungsverfolgung (→ tracking and tracing). Jede N. enthält fünf Datenbereiche (Datenbezeichner, Verpackungskennzeichnung, Betriebsstättennummer des Versenders, laufende Nummer der Versandeinheit und Prüfziffer). → Barcode → Transportlabel

O

Obhutshaftung liability during custody → Haftungsprinzip

Obhutszeitraum time of liability during custody Zeit von der Übernahme einer Ware zur Beförderung/Lagerung bis zur Ablieferung/Auslagerung (§§ 425, 467 ff. HGB).

Obligo [lat.-ital.] obligation, commitment, duty Verpflichtung, Gewähr

Offerte [frz.] offer svw. Angebot als Antrag zu einem Vertrag.

Oktabin octabin (von gr. Oktagon = Achteck) oder Oktatainer; achteckiger Silo-Behälter unterschiedlicher Höhe aus Karton mit Deckel, für schüttbarer Materialien (Granulat, Mahlgüter, Pulver); Verwendung v. a. in der Chemie- und Lebensmittelindustrie.

Ölpapier oiled paper elastisches, wasser- und wasserdampfdichtes mit Öl getränktes Papier zum Schutz vor Korrosion. Ö. wird u. a. beim Versand von Eisen- und Stahlteilen, Werkzeugen in Tropenregionen verwendet. → Packhilfsmittel → Schutzmittel

Optimale Bestellmenge economic order quantity/EOQ Warenmenge, bei der die Summe der Bestell- und Lagerkosten am geringsten ist.

Order [lat., frz.] order Anweisung, Auftrag, Befehl → Orderklausel

Orderklausel order clause Benennung eines Berechtigten auf einem Wertpapier, z. B. mit folgendem Text: *„an Order"* oder *„für mich an die Order von …"*. Dadurch werden Wertpapiere wie → Lagerschein, Ladeschein, Konnossement zu Orderpapieren. → Orderlagerschein

Orderlagerschein negotiable warehouse receipt Warenwertpapier; die Übergabe des O. an einen Berechtigten hat dieselbe Rechtswirkung wie die Übergabe des Gutes selber. Der Lagerhalter ist verpflichtet, das Lagergut an denjenigen herauszugeben, der sich ordnungsgemäß durch Indossament als Eigentümer ausweist. → Lagerschein → Lagervertrag

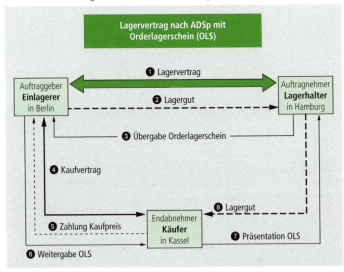

Organisationsverschulden organizational fault/negligence auch grobes oder → qualifiziertes Verschulden genannt. Als O. gilt ein organisatorischer Mangel im Betriebsablauf, wenn er zu Schäden führt. Als typisches O. gilt das Unterlassen oder mangelnde Organisieren von → Schnittstellenkontrollen.

Outsourcing [engl.] Abk. für outside resource using Auslagerung/Ausgliederung; i.w.S. das Ausgliedern von Leistungen an Dritte. Hauptgrund ist die Senkung von Produktionskosten und die Stärkung der Wettbewerbsfähigkeit. Von Spediteuren werden z.B. Regalbedienung, Lagerung, Kommissionierung und andere Arbeiten übernommen, die von den Auftraggebern im Sinne des O. ausgegliedert wurden.

OZL custom-bondes warehouse veraltet für „offenes Zolllager". → Zolllager

P

Packgut pack, packaged goods das zu verpackende Gut, die verpackte Ware.

Packhilfsmittel packaging accessory Verpackungshilfen, die als Aufteilungs-, Füll-, Verschließ-, Schutz- oder Kennzeichnungsmittel dienen. Sie bieten u. a. Schutz gegen Feuchtigkeit (Öl-, Teerpapier, Trockenmittel), Druck oder Stoß (Wellpappe, Luftpolsterfolie), unbefugtes Öffnen oder Kippen (→ Kippindikator). P. bilden mit den → Packmitteln die Gesamtverpackung.

Packmittel packaging material Transport- und Verpackungsmaterial zum Schutz von Gütern. P. und → Packhilfsmittel bilden die Gesamtverpackung.

Packmittel	Packstoff/ Material	Verwendungsbeispiel
Kiste case, box	Holz	Inlands- und Seekiste → Steige → Harass, Verschlag → Holzkiste
	Metall	→ Collico
Karton/ Schachtel carton, cardboard	Pappe, Kunststoff	Faltschachtel, Wellpappeboxen, Pal-Box → Paltainer

Packmittel	Packstoff/ Material	Verwendungsbeispiel
Palette *pallet*	Holz	→ EUR-Flachpalette
	Metall/Aluminium	→ EUR-Gitterboxpalette
	Verschiedene	Pressholz-, Kunststoffpalette, Palettenboxen (Paloxen)
Behälter *container, case*	Metall/Kunststoff	Kleinbehälter (Euro-Behälter, Stapelbehälter)
		Großbehälter (→ Container, Containersack)
Sonstige *others*	Verschiedene	Rollbehälter, Rollboxen, Netze, Eimer, Kanister, Fässer, Tonnen

Packstück package (pkg), parcel, unit Einzelstück, Auftragseinheit; es kann sich u.a. um Kisten, Gitterboxen, Paletten, Griffeinheiten, aber auch geschlossene Ladegefäße wie Wechselbrücke, Container handeln (Ziff. 6.3 ADSp).

Packstückverschluss sealing by unit Zollplombe, -siegel oder -stempel, mit denen die → Nämlichkeit von Packstücken gesichert wird.

Pa-Container [frz. = porteur aménagé] svw. Mittelcontainer medium-sized container bahneigener Spezialbehälter in geschlossener/offener Bauweise mit einer Lastgrenze von ca. 5 t und einem Volumen bis zu 13 cbm.

Paketdienst parcel service → KEP-Dienste

Pal-Box, Palox pal-box, pallet box Palettenboxen, Wellpappe-Container → Palette

Palette pallet vielseitig verwendbare Transport- und Ladeplatte, flach oder mit Aufbau, zur Bildung von Transport-, Umschlag- und Lagereinheiten. Sie ist stapel- und unterfahrbar (= Vierweg- oder Zweiwegp.). Aus Kostengründen wird allgemein die Holzp. bevorzugt.

Palette

Palettenmerkmal	Bezeichnung	Länge/Breite/Tragfähigkeit	Material (Verwendung)
Genormte Paletten *standard pallets*	EUR-Flachpalette (FP)	Bodenabmessung 1 200 mm × 800 mm • FP bis 2 000 kg • GP bis 1 500 kg	Vollholz (Mehrwegp.)
	EUR-Gitterboxpalette (GP)		Bodenplatte Holz, Metall (Mehrwegp.)
Ungenormte Paletten *non-standard pallets*	Flachpalette	Unterschiedlich: 1 200 mm × 800 mm bis 1 800 mm × 1 200 mm	Vollholz (Einwegp., Industriep.)
	Rungenpalette		
	Chep-Palette		Holz, Metall (Mehrwegp.)
	Vollwandpalette		Wellpappe (Einwegp.)
	Palettenbox (Paloxen)		Metall, Kunststoff
			Kunststoff (Mehrweg- oder Poolpalette)

EUR-Flachpalette aus Massivholz (Vierweg)

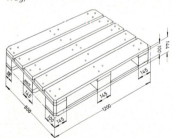

Eigengewicht:
ca. 20–24 kg (je nach Holzfeuchte)

max. **Tragfähigkeit** (Nettogewicht):
1.000 kg bei beliebiger Lastverteilung auf der Palette (z. B. Punktbelastung) bis 2.000 kg bei vollflächiger und gleichförmiger Lastverteilung

max. **Auflast:**
4.000 kg (D. h. auf die unterste Palette können noch 4 Paletten zu je 1.000 kg gestapelt werden; allerdings nur, wenn die Auflast horizontal und vollflächig aufliegt.)

Maße: 1.200 mm × 800 mm

EUR-Gitterboxpalette

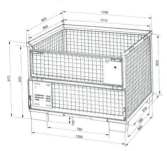

Innenmaße:
  1.200 × 800 × 800 mm,
Außenmaße:
  1.240 × 835 × 970 mm.
Eigengewicht: ca. 85 kg
Tragfähigkeit: max. 1.500 kg
Auflast:
  max. 6.000 kg (D. h. auf die unterste Gitterbox können 4 volle Paletten gestapelt werden.)
Volumen: ca 0.75 m^3

Palettenabschlag pallet reduction Rabatt für palettiert gelieferte Waren, die beschleunigt umgeschlagen/gestaut werden können.

Paletten-Kennzeichnung pallet labelling/marker auf den Längsseiten tauschfähiger EUR-Flachpaletten angebrachte Markierungen.

Linker Klotz:
- EPAL-Kennzeichen in ovaler Randung

Mittelklotz:
- Eigentümer (z. B. DB)
- Herstellungsland (z. B. D)
- Güteprüfklammer
- Herstellernr., Herstellungsjahr, Herstellungsmonat

Rechter Klotz:
- EUR-Markenzeichen in ovaler Randung

Palettenkipper pallet tipping device → Arbeitsmittel zur leichteren Be- oder Entladung von Paletten; die Arbeiten können stehend oder sitzend ausgeführt werden.

Palettenklauseln pallet clauses empfohlene vorformulierte Vertragsbedingungen für Speditions- und Frachtverträge, die Rechte und Pflichten der am Palettentausch Beteiligten als Nebenleistung regeln. Die P. erlangen durch ausdrückliche Aufnahme in Verträge rechtsverbindliche Geltung.

Beteiligte	Palettenklausel für tauschfähige Mehrweg-Poolpaletten	
	Kölner Palettentausch	**Bonner Palettentausch**
1. Spediteur/ Frachtführer	... setzt *eigene* tauschfähige Paletten ein	... setzt *fremde* tauschfähige Paletten ein
2. Absender/ Versender	... gibt Zusage, dass der Empfänger bei Ablieferung gleichwertige Paletten (leer oder beladen) übergibt	... gibt Zusage, dass der Empfänger bei Ablieferung leere gleichwertige Paletten übergibt
3. Spediteur/ Frachtführer	... erhält vom Empfänger Paletten (leer oder beladen) gleicher Art, Anzahl und Güte Zug-um-Zug zurück	... erhält vom Empfänger leere Paletten gleicher Art, Anzahl und Güte Zug-um-Zug zurück, Spediteur besorgt die Rücklieferung

Palettenpool pallet pool Organisationsform für den freizügigen Tausch von Normpaletten, um Leertransporte zu vermeiden. Die Paletten sind qualitativ durch das Gütezeichen RAL-RG 993 gesichert. Der Tausch erfolgt Zug-um-Zug unter Übergang in das Eigentum des Tauschnehmers. → Palettentausch

Palettenregal pallet rack Lagereinrichtung für palettiertes Gut; in Flachbauweise bis zu 7 m Höhe, bei P.-Hochlagern bis zu 45 m Bauhöhe. P. haben meist keine Regalböden, die Paletten werden auf Auflageträgern abgestellt. Es werden Längs- und Quertraversenregale unterschieden. Vorzüge des P. sind gute Flächen- und Raumausnutzung, einfache Bestandskontrolle, automatische/mechanische Arbeitsweisen, schneller und direkter Palettenzugriff. Nachteilig sind hohe Investitionskosten. → Regale

Palettentausch pallet exchange Verfahren zur wirtschaftlichen Nutzung von Paletten. Innerhalb eines → Palettenpools können beladene Paletten kostenpflichtig Zug-um-Zug gegen leere getauscht werden. Sie müssen einwandfrei und von gleicher Bauart sein. Die Kontrolle erfolgt mit Kontrollscheinen. Als Gegenwert kann auch ein Palettenschein ausgestellt werden. Der P. ist zu vereinbaren und auf Begleitpapieren zu vermerken.

Palettierungsform palletizing form Form, in der Güter auf Paletten gepackt werden. Je nachdem, wie viel Güterarten auf einer Palette verladen wurden, kann sich ein kostenintensiver Zwang zur Artikelbereinigung vor der Einlagerung ergeben.

Palettierungsform	Merkmal: Die Palette ist ...
Artikelreine Palette *homogeneous pallet*	nur mit einer Artikel-/Güterart beladen
Mischpalette *mixed pallet*	mit zwei oder mehr Güterarten beladen
Sandwich-Palette *sandwich pallet*	mit mehreren Artikel beladen, die jeweils in Lagen getrennt durch Paletten gestapelt sind

Artikelreine Palette

Mischpalette

Sandwich-Palette

palettisieren to palletize Waren auf Paletten verpacken.

Paltainer paltainer Wellpappe-Faltkiste mit klappbarer Vorderwand. Der Boden des P. ist eine Pressholz-Einwegpalette, das Ladegewicht beträgt je nach Größe bis ca. 1 200 kg.

Paternosterregal paternoster Form des Umlaufregals. → Regale

PE Paletteneinheit pallet unit → Palette

Pfandrecht lien, right of lien Recht des Gläubigers, ein Gut durch öffentliche Versteigerung mittels Gerichtsvollzieher oder Verkauf zu verwerten, um Forderungen auszugleichen. Lagerhalter, Spediteure und Frachtführer haben grundsätzlich ein P. Beim Zurückbehaltungsrecht kann das Gut nicht verkauft werden. Sowohl beim gesetzlichen P. nach HGB als auch beim vertraglichen P. nach ADSp handelt es sich um inkonnexes [lat. = unverbundenes] P., was bedeutet, dass Güter gepfändet werden können, deren Transport oder Lagerung die Forderung nicht ausgelöst haben. Ggs. konnexes P.

Lagerhalter	Gesetzliches Pfandrecht	§ 475b HGB
Spediteur	Gesetzliches Pfandrecht	§ 464 HGB
Spediteur-Lagerhalter	Vertragliches Pfand- und Zurückbehaltungsrecht	Ziff. 20 ADSp
Frachtführer	Gesetzliches Pfandrecht	§§ 441–443 HGB

Pfandverkauf realization of pledge eine Verkaufsandrohung ist an den Auftraggeber (z. B. Einlagerer) zu richten. Nach ADSp gilt: der Spediteur-Lagerhalter kann nach Androhung von den in seinem Besitz befindlichen Gütern/Werten eine solche Menge, wie nach seinem pflichtgemäßen Ermessen erforderlich ist, freihändig verkaufen. Für den P. kann er eine Verkaufsprovision vom Nettoerlös in Höhe von ortsüblichen Sätzen berechnen (Ziff. 20.4. und 20.5 ADSp).

Pick [engl.] Warenmenge oder Einzelartikel bei der Kommissionierung. Die Anzahl der von einem Picker (Kommissionierer) in einer bestimmten Zeit entnommenen Einheiten wird als P.rate bezeichnet. P.formen:

Pick by Light	Papierlose/beleglose Kommissionierung mittels Digitalanzeigen (*Display*) von Auftragsnummer, Artikel und Stückzahl.
Pick by Voice	Papierlose/beleglose Kommissionierung mittels Sprachsteuerung über Kopfhörer und Mikrofon (*Headset*).
Pick-and-pack-System	Kommissionierverfahren; die Kommissionierung erfolgt direkt in die Versandverpackung.

Pickliste picklist Arbeitsgrundlage für Kommissionierungen. Die P. enthält alle aufbereiteten Auftragsdaten für Einzel- oder Teilaufträge oder für Auftragsgruppen. Die Übermittlung an den Kommissionierer erfolgt überwiegend beleglos auf Displays in Terminals. Sie kann auch belegbehaftet als papierne Liste erfolgen. Die in einer P. erfassten Auftragsdaten können wie folgt aufbereitet werden:
- Batch-Modus: Auftragsdaten werden einmal täglich zu einem bestimmten Zeitpunkt erfasst.
- Realtime-Modus: Auftragsdaten werden sofort nach Eingang aufbereitet und abgearbeitet.

Placards [engl.] Anschlag, Aushang → Gefahrgutzettel

Plane-Spriegel-Fahrzeug tilt truck Lkw, dessen Ladefläche von einem Stahlrohrrahmen mit Holzlatten (Spriegeln) und einer Plane umgeben ist. Die Beladung erfolgt üblicherweise von hinten.

Platform [engl.] a) Variante des ISO-genormten → Containers; die P. besteht lediglich aus einem Stahlrahmen mit Holzboden ohne Stirnwände. b) Im Stückgut-Linienverkehr eine Basisstation oder ein Ausgangspunkt. → HUB

Plombe seal Sicherungsmittel; ursprüngl. Metallsiegel (Blei) zum Verschließen von Behältern und Räumen; die klassische P. wird seit jüngster Zeit durch nichtmetallische Sicherungsmittel ergänzt oder ersetzt.

Police [lat.-it.-frz.] policy, certificate of insurance → Versicherungsschein; vom Versicherer (Versicherungsgesellschaft) ausgestellte Urkunde über Abschluss, Inhalt und Bedingungen einer Versicherung. → Lagerversicherung

Portalhubwagen straddle carrier Spezialfahrzeug mit Eigenantrieb für den innerbetrieblichen, meist auf Terminals stattfindenden Transport von Containern. Die Container werden während der Fahrt angehoben.

Portalstapler van carrier auch Portalstapelwagen; Spezialfahrzeug mit Eigenantrieb für die Beförderung von zwei übereinander gestapelten Containern.

Prämie [lat.] premium Geldleistung, die dem Versicherer für die Übernahme des Versicherungsschutzes zusteht. Innerdeutsch ist die P. mit Versicherungssteuer zu belegen.

Preisauszeichnung price labelling, pricing logistische Zusatzleistung; scannerfähige Preisschilder (Klebe-, Hänge-, Anstreck- und Sicherungsetiketten) werden an der Ware angebracht. → EAN

prepaid [engl.] vorausgezahlt; Frachtentgelte sind vom Absender bei Transportbeginn im Voraus entrichten worden. Ggs. collect

Prioritätssendung [lat.-frz.] priority shipment vorrangige, bevorzugte Sendung

Pritschen-Container platform container auch Flat oder Platform genannt; teiloffene oder gänzlich offene Großpalette. → Container, Abmessungen

Privates Zolllager bonded warehouse → Zolllager

Proforma-Rechnung [lat. pro forma = der Form wegen, zum Schein]; proforma invoice „Als-ob-Rechnung" oder Vorausrechnung. Sie enthält die ggf. auf einer späteren Rechnung stehenden Angaben. Eine P. wird u. a. bei kostenlosen Mustersendungen oder Ersatzteillieferungen sowie bei Messe- oder Ausstellungsgütern mit vorübergehender Verwendung benötigt.

Projektlogistik project logistics Koordinierung und Ausführung sämtlicher logistischer Arbeiten, einschl. des Lagermanagements, die mit einem Projekt (Brückenbau, Industrieanlage usw.) verbunden sind. Die P. wird von meist von Projektspeditionen übernommen.

Provision [lat.] commission, charge Vergütung; kann bei Spediteuren/ Spediteurlagerhaltern (auch Akquisiteuren) für vermittelte oder abgeschlossene Geschäfte gezahlt werden. P. ist wertbezogen, sie wird meist als Prozentsatz vom Wert der Leistung (z. B. Umsatz) ausgedrückt.

Pufferlager buffer stock/storage Reserve- oder Ausgleichslager vor allem in der Produktionslogistik → Lagerarten. Das P. ist ein Zwischenlager. Es dient in der Produktionslogistik dazu, Schwankungen zwischen Zu- und Abgängern in kurzen Zeitabständen auszugleichen. In der gewerblichen Lagerei werden z. B. bei Distributionsaufträgen kommissionierte Waren vielfach bis zum eigentlichen Versand in einem P. bereitgestellt, d. h. „gepuffert".

Pufferzeit buffering time Zeitreserve zwischen verschiedenen Arbeitsgängen.

Push-Back-Lagersystem [engl.] Paletten-Einschubsystem; Lagersystem für dynamische Paletten-Blocklagerungen. Beim P. werden Paletten hintereinander (in der Tiefe) eingelagert, sie können von derselben Seite aus wieder entnommen werden. Dies bedingt das → Einlagerungssystem „last in first out" (Lifo). P.-Regale haben geneigte mit Rollen ausgerüstete Trägerebenen, die Paletten werden auf den Rollen von Staplern in die Lagerposition gedrückt. → Regale/Regalarten

PW oder **P/W** [engl.] pallet width Palettenweite; Hinweis, dass ein Container die Innenmaße für die Ladung europäischer Normpaletten erfüllt.

QM/QM-System qm-system → Qualitätsmanagement

QM-Handbuch QM-manual Darstellung eines QM-Systems, insbesondere Verfahrens- und Arbeitsanweisungen, Unternehmensportrait, Hinweise auf die Qualitätspolitik, Grundsätze des → Qualitätsmanagements, Abgrenzung von Zuständigkeiten.

Qualifiziertes Verschulden qualified culpability vom Spediteur/Lagerhalter durch Vorsatz oder grobe Fahrlässigkeit (= qualifiziertes Verschulden) bedingte Pflichtverletzung.

> § Ein durch Q. verursachter Schaden ist nach Ziff. 27 ADSp in voller Höhe zu ersetzen, die ADSp-Haftungsbegrenzungen gelten nicht. Sowohl Vorsatz als auch grobe Fahrlässigkeit müssen sich deutlich in der Nichtbeachtung von Organisations- und Kontrollpflichten seitens des Geschäftsinhabers (Spediteur/Lagerhalter selbst) oder eines leitenden Angestellten zeigen. Es gilt die Regelung: Wer sich auf ein Q. beruft, muss dieses auch beweisen.

Qualität [lat.] quality Beschaffenheit, Güte, auch: Eigenschaften und Merkmale von Ware oder Dienstleistungen und deren Eignung für vorher festgelegte Anforderungen.

Qualitätsaudit quality audit Prüfverfahren mittels Verfahrenskontrolle, Befragung, Auswertung von QM-Handbüchern u. a. m. Ziel des Q. ist es, ein Zertifikat zu vergeben, das den Qualitätsstandard einer Unternehmung bescheinigt. Werden bei dem Q. Abweichungen zwischen realen

Betriebsabläufen und fixierten Standards festgestellt, werden sie im sog. Auditbericht festgehalten und sind zu korrigieren, ehe das Zertifikat erteilt wird. → Zertifizierung

Qualitätsbeauftragter/QB quality officer Person, die mit dem → Qualitätsmanagement betraut ist. Ihre Hauptaufgaben sind u. a. Qualitätsverbesserungen, Arbeitsanweisungen, Pflege und Verwaltung von QM-Dokumenten und Unterlagen (→ QM-Handbuch), Ermittlung von Schwachstellen.

Qualitätskontrolle [lat.-frz.] quality control Beschaffenheitsprüfung, -überwachung; im Lager die regel- oder unregelmäßige Prüfung der Verbrauchs- und Verkaufsfähigkeit von Waren, z. B. im Rahmen der Mindesthaltbarkeit (MHD) . → Quantitätskontrolle

Qualitätsmanagement/QM quality management Instrument zur Sicherung des Qualitätsstandards bei Leistungen und Produkten. Bei Lagerhaltern können z. B. die folgenden Standards im Rahmen eines Q. festgelegt sein: pflegliche Lagergutbehandlung, regelmäßige Schulung/ Fortbildung, korrektes Auftreten des Personals, gepflegtes Lager-Erscheinungsbild, geringe Schadenquote, kompetente Schadenabwicklung. Das Q. dient ferner zur Transparenz des Betriebes, zum Controlling und zur Optimierung von Betriebsabläufen.

Quantitätskontrolle [lat.-frz.] quantity control Mengenüberprüfung, -überwachung; im Lager der regel- oder unregelmäßige Vergleich von Ist- und Soll-Bestand (Buchbestand). Als Kontrollarten kommen Zählen, Messen, Wiegen, Schätzen in Betracht. Die Q. kann die Gesamtware oder eine Stichprobe umfassen. → Qualitätskontrolle

Quittung acknowledgement, receipt Übernahme- oder Ablieferq. zur Beweissicherung. → Ablieferungsnachweis → Kommissionierung

R

Rack [engl.] rollbares Regal für → Just-in-Time oder → Just-in-sequence-Bedienung.

Radio Frequency Identification-Technology [engl.] → RFID

Rampe loading platform/ramp Arbeitsfläche zur Be- und Entladung von Fahrzeugen, fahrbaren Maschinen usw. Es werden versch. Ausführung unterschieden wie z.B. Sägezahn-, Kopf- und Seitenr. als statische Verladeeinrichtungen, freie oder witterungsgeschützte R., feste oder bewegliche (dynamische) R., bordeigene R.

Beispiele für statische Rampen

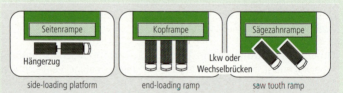

side-loading platform · end-loading ramp · saw tooth ramp

Beispiele für dynamische Rampen

Überladerampe *truck loading bridge*	Überbrückung von Raum zwischen Rampe und Lkw-Ladefläche
Anpassrampe *dock board*	Ausgleich von Niveaudifferenzen zwischen Rampe und Lkw-Ladefläche
Auffahrrampe *access ramp*	Bei Verladung ohne Hallenrampe als a) Geradeausverladung b) 3-Seitenverladung

Rampenlager dock storage depot Lager mit außen liegender → Rampe zum Be- und Entladen. Wegen hoher Unfallgefahren und geringen Bodenbelastungen werden statt R. Hallen mit Spezialtoren zum Andocken der Fahrzeuge bevorzugt.

Rangieren [dt.-frz.] shunting/GB; switching/US Verschieben oder Ordnen von Fahrzeugen oder Ladeeinheiten.

Raumnutzungsgrad degree of space utilisation → Kennziffern, für Lagerung

Raumtonne measurement tonne Rechnungsgröße in Kubikmetern. → x-mal messend

Raumverschluss sealing by load Zollbegriff für das Verschließen von Ladeeinheiten mittels → Plomben.

Reachstacker [engl.] reach stacker Schwerlaststapler für den Umschlag von Containern.

Rechnungseinheit/RE unit of account → Sonderziehungsrecht

Recycling [engl.] Rückgewinnung, Wiederverwertung; als R. wird die im Rahmen der Entsorgungslogistik vorgenommene Rückführung von Produkten oder Teilprodukten (Reststoffe) zur erneuten Nutzung in den Stoffkreislauf bezeichnet.

Reefer [engl.] Kurzwort für Refrigerated Container, Kühlcontainer mit eigenem Kühlaggregat. → Container

Regale/Regalarten rack, shelving, racking system ortsfeste (statische) oder verfahrbare (dynamische) Einrichtungen für die Reihen- oder Blocklagerung. Bei statischen R. werden die Güter während der Lagerung nicht bewegt; bei dynamischen R. werden entweder die Güter im R. oder das ganze R. mit den Gütern bewegt. Die Lagerung in R. erhöht im Ggs. zur → Bodenlagerung die Raumausnutzung und Zugriffsmöglichkeit. R. bieten eine übersichtliche Einlagerung und können dem Lagergut

Regale/Regalarten

angepasst werden. Die Bedienung der R. kann mit oder ohne sog. → Lagerhilfsmitteln erfolgen (→ Regallager).

Lagerformen und Regale (Auswahl)

Lagerform *storage shape*	Regalart *racking system*	Merkmale *characteristics*
Reihenlager statisch *storage in rows static*	**Fachbodenregal** *shelf-type racking*	Ein- oder mehrgeschossig, hoher Flächenbedarf, begrenzte Tragfähigkeit; einfache Organisation, vor allem für Kleinteile geeignet, geringe Lagerkosten
	Palettenregal *pallet rack*	Einzel-/Mehrplatzsystem, gute Flächen- und Raumausnutzung; einfache Bestandskontrolle; hohe Investitionskosten, Beschränkung auf Palettenmaße
	Kragarmregal *cantilever rack*	Für Langgüter (Rohre, Profile), manuelle oder technische Bedienung; eingeschränkte Automatisierung
	Turmregal *tower/shuttle rack*	Bis 10 m Höhe, vollautom. Spezialregal für Tablare, i. d. R. computergesteuert, feste oder freie Lagerplatzwahl
	autom. Behälterregal *autom. box rack*	Autom. Kleinteilelager (AKL), hohe Investitionskosten; Arbeitsprinzip Ware-zum-Mann; versch. Behälterformen (Tablare, Kassetten, Wannen) möglich.
	autom. Hochregal *autom. high bay rack*	Bis 45 m Höhe; gute Flächen- und Raumnutzung; schnelle Ein- und Auslagerung; geringer Personalbedarf; sehr hohe Investitionskosten

Lagerform *storage shape*	Regalart *racking system*	Merkmale *characteristics*
Blocklagerung statisch *block storage static*	**Wabenregal/ Kassettenregal** *honeycomb rack*	Kompakte Langgüterlagerung (Rohre, Stäbe). Beschickung horizontal mit Kran oder Regalbediengerät in/aus wabenähnlichen Fächern
	Einfahrregal *drive-in rack*	Kombination von Blockstapel- und Regallagerung für homogene Güter, gute Flächennutzung; kein direkter Zugriff auf jede Palette (Lifo-Prinzip), keine freie Lagerplatzzuordnung
	Durchfahrregal *drive-through rack*	Kombination von Blockstapel- und Regallagerung für homogene Güter, gute Flächennutzung; zwei offene Stirnseiten ermöglichen Fifo-Prinzip
Blocklagerung dynamisch *block storage dynamic*	**Verschieberegal** *mobile rack*	Manuelle oder technische Bedienung; direkter Warenzugriff und kurze Arbeitswege; Flächennutzung hoch, Investitionskosten hoch
	Kanalregal *satellite/cannel rack*	Hoher technischer/finanzieller Aufwand wegen Spezialfahrzeugen für Kanalbedienung; hohe Flächen- und Raumausnutzung
	Durchlaufregal *gravity rack*	Einsparung von Wegzeiten, Fifo-Prinzip möglich, hohe Investitionskosten
	Einschubregal *slide-in rack push-back rack*	Für palettierte Massengutlagerung, hohe Flächennutzung, begrenzte Kapazität wegen Staudruck
	Paternoster-/ → Karussellregal *paternoster racking*	Vertikales/horizontales Umlaufregal, hohe Flächen- und Raumnutzung; Fifo-Verfahren möglich; Arbeitsprinzip Ware-zum-Mann; hohe Investitionskosten, begrenztes Lagergutgewicht

Regalförderzeug/RFZ rack-servicing unit, storage and retrieval (S/R) equipment oder Regalbediengerät (RBG). Fahrzeug, das in teil- oder vollautomatisierten Regallagern für Umschlag- und Kommissionierarbeiten eingesetzt wird und in Längsrichtung durch die Lagerregale fährt. Regalabhängige R. sind mit dem Regal fest verbunden und können mit beweglichen Bedienungsständen ausgerüstet sein. Vollautomatische R. werden in Hochregallagern eingesetzt.

Regalpflege rack-jobbing Befüllung von Verkaufsregalen im Handel.

Regionallager regional warehouse, regional distribution centre (RDC) absatz- bzw. kundennahes → Distributionslager.

Reihenstapelung/-lagerung storage in rows oder Zeilenlagerung; Form der → Bodenlagerung, bei der Stapelsäulen so hintereinander stehen, dass ein direkter Zugriff von beiden Seiten möglich ist. Der Raumnutzungsgrad ist bei der R. gering. Eine bessere Raumnutzung wird durch → Blockstapelung/-lagerung erreicht.

Reklamationsfrist time for complaint → Schadenanzeige

Relation [lat.] service, route Beziehung, Verhältnis; Bez. für regelmäßig bediente Verkehrsverbindungen zwischen zwei Orten. Von R. spricht man im Lkw-Verkehr zwischen Versand- und Empfangsspediteur, ferner auch bei Linienverkehren anderer Verkehrsmittel.

Relationsplatz routing place/point die für eine Verkehrsverbindung (Relation) vorgehaltene Staufläche, auf der Warensendungen abgestellt werden.

Retouren [lat.-frz.] returns, return goods zurückgesandte Waren; R. sind meistens Falschlieferungen oder beschädigte Waren. Sie werden auf einer R.liste erfasst, auf das Umschlaglager rückgeführt und unverändert an den Versender weitergeleitet.

Rettungszeichen rescue label quadratische oder rechteckige → Sicherheitskennzeichen der Unfallverhütung; Grundfarbe grün mit weißen Zeichen.

Hinweis auf „Erste Hilfe"   *Rettungsweg (Richtungsangabe für Rettungsweg)*

RFID [engl.] Abk. für Radio Frequency Identification-Technology Radiofrequenztechnologie zu Identifikationszwecken; in der Lagerlogistik u. a. von Handelsbetrieben eingesetzte frequenzgesteuerte Micro-Chips (Labels mit Transpondern). Die von Scannern lesbaren Labels ermöglichen eine schnellere Identifikation als traditionelle Barcods. Erfasste Informationen werden in Datenbanken gespeichert und ermöglichen die komplette Übersicht über das Lagermanagement sowie das schnelle und effiziente Auffüllen der Sortimente.

Risiko [it.] risk Wagnis, Gefahr. Bei Lager-, Logistik- oder Transportprozessen gelten als a) natürliches R.: Sturm, Wasserschaden, Erdbeben b) technisches R.: Maschinenschaden, Produktmangel c) politisches R.: Handelssperre, Krieg, Putsch, Verstaatlichung. Viele Risiken lassen sich durch → Versicherungen abdecken.

Ro/Ro [engl.] → Roll-on/Roll-off

Rollbehälter rollbox, roll container zerleg-, verschließ-, stapel- und faltbares → Packmittel aus Metall oder Aluminium mit einer Nutzlast bis rund 500 kg.

Rollgeld cartage and delivery charge oder Hausfracht; Zustell- oder Auslieferungsentgelt bei Sammelgütern. Der Begriff R. wird nicht mehr verkehrsträgerspezifisch verwendet.

Rollkarte cartage note im Lkw-Sammelgutverkehr; Anweisungspapier (Tourenliste) des Disponenten für den Fahrer, eine Sendung zuzustellen („auszurollen"). Die R. beinhaltet wesentliche Sendungsdaten. Den Sendungserhalt kann der Empfänger auf der R. quittieren.

Roll-on/Roll-off, Ro/Ro [engl.] svw. aufrollen – abrollen; kombiniertes Umschlag- und Transportverfahren, bei dem Ladungen im Ggs. zum Umschlag mit Hebezeugen selbst rollend an/von Bord bei Schiffen oder Bahnwaggons gelangen. Selbstrollende Ladungen sind Lkw, Trailer, Pkw, Bahnwaggons, Güter auf Rolluntersätzen (Container, Rollpaletten) → Rollbehälter.

Routing Order [engl.] a) Anweisung des Käufers, bei ab Werk-, ab Lager oder FCA/FOB-Geschäften (→ Incoterms) einen bestimmten Frachtführer einzusetzen; b) Anweisung des Versenders, einen bestimmten Transportweg einzuhalten.

Rücklieferung re-delivery, sales return Zurücksendung einer Ware

Rückwaren returns, return goods Zollbegriff für Gemeinschaftswaren, die in die EU zurückkehren. Erfolgt die Rückführung innerhalb von drei Jahren und sind die R. lediglich Erhaltungsmaßnahmen unterzogen worden, besteht Abgabenfreiheit.

Rungen stanchions, stakes einsteckbare (*detachable*) Sicherungsstäbe aus Metall an Paletten (→ Rungenpalette) oder Bahnwagen (Rungenwagen) zur Ladungssicherung.

Rungenpalette stack pallet Flachpalette aus Holz oder Metall mit abnehmbaren Ständerprofilen (= Rungen) an den Ecken. Die R. eignet sich v. a. für die Lagerung und Beförderung langer Gegenstände.

Rüstzeit set-up time Zeit, um einen Arbeitsplatz für eine bestimmte Arbeit vorzubereiten.

S

Sackkarre(n) hand truck, sack truck/trolley traditionelles manuelles Flurförderzeug.

Sackware bagged cargo oder Sackgut, in Säcken verpackte Waren.

Sammelladung, Sammelgutverkehr consolidation, groupage service/traffic für eine Verkehrsrichtung (Relation) gebildete Ladung mehrerer Absender. S. ist bei allen Verkehrsträgern möglich. Beteiligte sind im Re-

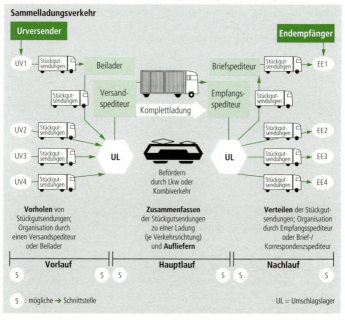

gelfall neben dem Versand- und Empfangsspediteur Urversender, Beilader (die kleinere Sammelsendungen aufliefern), Briefspediteure (als Empfänger der Beiladersendungen) und Endempfänger. Der S. wird heute mit einem dichten, flächendeckenden Relationsnetz und unter Bildung von Transportketten betrieben.

Sammelladungsspediteur groupage agent, grouped consignment forwarder, consolidator Spediteur, der für ein Zielgebiet eine → Sammelladung bildet. Er kann als Versender auftreten und wird dann als Versandspediteur bezeichnet. Empfängt er Sammelgüter mit dem Auftrag, sie in seinem Gebiet zu verteilen, wird er Empfangsspediteur genannt. Spediteure sind nach § 460ff. HGB befugt, als S. zu arbeiten. In diesem Falle haben sie hinsichtlich der Beförderung die Rechte und Pflichten von Frachtführern.

Sammellagerung collective storage Lagerung, bei der eine Vermischung von Gütern gleicher Art und Güte (z.B. Getreide), die von verschiedenen Auftraggebern stammen, eintritt.

> § Eine S. bedarf der Zustimmung der beteiligten Einlagerer (§ 469 HGB). Vom Zeitpunkt der Einlagerung an stehen den Eigentümern der eingelagerten Sachen Miteigentum nach Bruchteilen zu. Der Lagerhalter kann jedem Einlagerer den ihm gebührenden Anteil ausliefern, ohne dass er hierzu die Genehmigung der übrigen Beteiligten einholen muss.

Ggs. → Sonderlagerung

Sandwich-Palette sandwich-pallet → Palettierungsform

Sauggüter suction goods schüttfähigen Güter wie u.a. Getreide, Futtermittel, die mittels Saugheber (Elevatoren) umgeschlagen werden können.

Schadenanzeige/-reklamation damage report oder i.w.S. auch → Haftbarhaltung. Die S. kann **bei** Ablieferung mündlich erfolgen, was aus Beweisgründen unzweckmäßig ist. Eine S. **nach** Ablieferung ist schriftlich zu erstatten, sie entspricht damit einem Schadenprotokoll. Die S.

kann bei sofortiger Mitteilung an den „abliefernden" Frachtführer, späterer dagegen nur an den „vertraglichen" Frachtführer gerichtet werden. Meldefristen gem. §§ 438ff. HGB:

Schaden	Meldefrist	Hinweis
Offen = äußerlich erkennbare Beschädigung oder Verlust	Sofort bei Ablieferung des Gutes	Die Anzeige muss den Schaden hinreichend deutlich kennzeichnen.
Verdeckt = äußerlich nicht erkennbare Beschädigung oder Verlust	Innerhalb von sieben Tagen nach Ablieferung	–
Lieferfristüberschreitung	Innerhalb von 21 Tagen nach Ablieferung	Von Montag bis Sonntag wird jeder Tag gerechnet

Schadenarten kinds of damage grundsätzlich sind im Verkehrswesen Güter- und Vermögensschäden zu unterscheiden. Als Güter- oder Sachschaden gilt jede Substanzschädigung oder Vernichtung einer Sache. Als Vermögensschaden gilt jeder finanzielle Schaden, der das Vermögen des Betroffenen schädigt.

Schadenart	Merkmale	
Güterschaden (oder Sachschaden)	Teilverlust, Totalverlust oder Beschädigung	
Vermögensschaden	a) als **Güterfolgeschaden**	Finanzieller Schaden nach vorausgehendem Sachschaden (z.B. Produktionsstopp, Zusatzlöhne), der somit das Vermögen des Betroffenen schädigt.
	b) als reiner (echter) oder **isolierter Vermögensschaden**	Finanzieller Schaden ohne vorausgehenden Sachschaden; (z.B. falsche Beratung, Falschauslieferungen). Wird von sonstigen Vermögensschäden gesprochen, sind damit vor allem Schäden durch Schlechterfüllung vertraglicher Nebenpflichten gemeint.

Schadenereignis

Schadenereignis damaging event, occurrence versicherungstechnisch ein Unfall (Lagerbrand, Lkw-Unfall usw.). Das S. kann mehrere → Schadenfälle umfassen, je nach dem, wie viele Auftraggeber durch das S. betroffen sind. Die Haftung von Verkehrsunternehmungen ist üblicherweise je S. begrenzt (vgl. → Haftung des Lagerhalters).

Schadenfall case of damage versicherungstechnisch der Schaden, den ein Einzelner aufgrund eines → Schadenereignisses erleidet.

Schadenprotokoll damage protocol → Tatbestandsaufnahme

Schnelldreher fast runner, fast rotation product Lagerartikel mit hoher Umschlaghäufigkeit, der also in großen Mengen (pro Zeiteinheit) umgeschlagen wird. Ggs. Langsamdreher → Kennziffern, für Lagerung

Schnittstelle interface, interface between different modes of transport Übergangspunkt eines Packstücks von einer Rechtsperson auf eine andere sowie die Ablieferung am Ende jeder Beförderungsstrecke, vgl. Abb. → Sammelgutverkehr. Gemeint ist der Ort, an dem physisch Übernahme oder Auslieferung von Gütern erfolgen und u.U. ein Wechsel des Haftungsregimes eintritt. Im Sammelgutverkehr können sechs und mehr S. vorkommen.

Schnittstellenkontrolle interface control Kontrollverpflichtung des Spediteurs/Frachtführers/Lagerhalters bezüglich Packstücken an einer → Schnittstelle (Ziff. 7 ADSp).

> § Nach Ziff. 7 ADSp besteht für den Spediteur die Verpflichtung:
> - Packstücke auf **Vollzähligkeit** und **Identität** sowie auf äußerlich erkennbare **Schäden** zu überprüfen. Die Identitätsprüfung umfasst die Übereinstimmung von Angaben im Transportdokument mit denen auf den Packstücken.
> - die **Unversehrtheit** von Plomben und Verschlüssen festzustellen.

Schüttgüter

> • Unregelmäßigkeiten zu **dokumentieren**, was durch Eintragungen in Begleitpapiere oder besondere Benachrichtigung erfolgen kann.

Schriftliche Weisungen (nach ADR 2009) instructions/oder by letter (ADR 2009) europaweit einheitliches 4seitiges Papier, dass bei Lkw-Gefahrguttransporten mitzuführen ist. Die früheren Unfallmerkblätter sind entfallen. Die s. W.
- sind in der Lkw-Kabine an leicht zugänglicher Stelle aufzubewahren
- sind vom Beförderer vor Antritt der Fahrt der Fahrzeugbesatzung in einer Sprache (in Sprachen) bereitzustellen, die jedes Mitglied der Besatzung versteht
- müssen von jedem Mitglied der Besatzung richtig angewendet werden können, hierauf hat der Beförderer zu achten
- müssen vor Fahrtantritt von der Fahrzeugbesatzung eingesehen werden, die Besatzung hat sich über die geladenen Gefahrgüter zu informieren.

Inhalt der Seiten:

1 = Maßnahmen bei einem Unfall/Notfall
2 + 3 = Hinweise über Gefahreigenschaften nach Klassen
4 = Schutzausrüstung

Schrumpfen shrinking Maßnahme der Transportsicherung; maschinelles Verpacken von Gütern durch Erwärmung von überstülpten thermoplastischen Kunststofffolien. Die Schrumpfverpackung (*shrink wrapping/pack*) zieht sich hautartig über die Verpackungseinheit und sichert sie gegen Verrutschen.

Schrumpfungsgerät shrinking machine Schrumpfungsofen oder auch Handschrumpfungsgerät; Arbeitsmittel zur Erzeugung von Heißluft, mit der Polyethylen (PE)-Folien zum Zusammenziehen gebracht werden.

Schüttgüter dry bulk, bulk cargo/B.C. lose Güter, die mit Greifern, Saughebern, Förderbändern usw. umgeschlagen und unverpackt in Laderäume eingeschüttet werden können. Hierzu gehören u.a. Getreide, Kohle, Koks, Erz, Kies, Kalk, Phosphate und andere Massengüter.

Schutzausrüstung

Schutzausrüstung protective equipment gemäß Arbeitsschutz- und Unfallverhütungsvorschriften (UVV) Ausrüstungen zum Schutz der Beschäftigten. Hierzu gehören in der Lagerlogistik Kopf-, Fuß-, Bein-, Augen- und Gesichtsschutz, Atemmasken, Kopfhörer, schützende Kleidung und Handschuhe, Warnkleidung, An- und Abseilschutz.

Schutzmittel protective material Packhilfsmittel zum Warenschutz gegen Druck, Stoß, Feuchtigkeit, unbefugtes Öffnen oder Kippen. Vgl. Übersicht.

Schutzmittelart	Merkmal	Anwendungsbeispiel
Pack-/Seidenpapier *packing/tissue paper*	Vielfältig verwendbar, versch. Stärken und Festigkeiten	Umhüllung von Flaschen, Kleidung etc.
Öl-/Teerpapier *oiled/tarred paper*	Beschichtetes, elastisches, wasserabweisendes oder wasserdichtes Papier	Korrosions- und Feuchtigkeitsschutz für Werkzeuge, Maschinen, Stahlteile, Gusseisen und Aluminium, ferner für diverse Konsumgüter
Gaspapier *VCI-paper*	VCI-Papier (*volatile corrosion inhibitor*), chemisch beschichtetes Papier zur Bildung von Schutzgas	
Trockenmittel *dessicant for packing*	Verpackungsbeigabe aus absorbierendem Material u. a. aus Kieselgel, Aktivton	
Wellpappe *corrugated board*	Hohe Stoß- und Druckfestigkeit	Zerbrechliche Glaswaren, Elektronikgeräte
Folien *foils, films, sheetings*	Verschweißte Luftpolster- oder elastische Schaumstofffolien, elast. Noppenschaum	Unregelmäßig geformte Packstücke, Oberflächenschutz, Bruchempfindliches Gut
	Folienbahnen mit/ohne Verschweißung	
	Stabile, umschließende Blister-(Blasen)Folien-Sichtverpackung	Haushalts- und Elektronikwaren, Tabletten-Durchdrückpackung
	Eng anliegende Skin-(Haut) Folien-Sichtverpackung	

Schutzmittelart	Merkmal	Anwendungsbeispiel
Kippindikator *tilt indicator*	Kippanzeiger außen, zeigt unzulässige Kippung des Packstücks durch Verfärbung an	Alle Packstücke
Sicherheitsband *safety tape*	Klebeband außen, zeigt optisch das Öffnen des Packstücks an	
Kantenschutz *edge protection/ protector*	Schutzstreifen oder -ecken u.a. aus Holz, Pappe, Schaumstoff, Metall	Druckminderung an Packstücken

Schwund inventory shrinkage, wastage, leakage Warenverlust in Form transportbedingter Einflüsse (Rinnverlust, Verdunstung) oder Inventurdifferenzen.

Selbstabholer collecting customer Empfänger, der eine Sendung am Umschlaglager selbst abholt, es kann eine Abholungsgebühr (customer pick-up charge) berechnet werden.

Selbsteintritt self-contracting, contracting for one's own account Befugnis des Spediteurs, eine Beförderung selbst mit eigenem oder gechartertem Laderaum auszuführen (§ 458 HGB). Übt er S. aus, so hat er hinsichtlich der Beförderung die Rechte und Pflichten eines Frachtführers oder Verfrachters. In diesem Fall kann er neben der Vergütung für seine Tätigkeit als Spediteur die gewöhnlich Fracht verlangen.

Selbsthilfeverkauf self-help sale → Pfandverkauf

Sendung shipment, consignment die von einem Absender für einen Empfänger mit einem Transportdokument aufgelieferten Güter.

sensible Waren goods involving greater risk of fraud Waren, die aus Zollsicht einem erhöhten Abgaberisiko unterliegen und für die als Sicherheit eine Bürgschaft erforderlich ist. Dies sind u.a. Tabakwaren, Spirituosen/Alkohol, Rindfleisch, Milch, Butter.

Sicherheitskennzeichen

Sicherheitskennzeichen saftey label/tag/sign genormte Kennzeichen zur Unfallverhütung, die an Arbeitsplätzen anzubringen sind. Es werden die S.-Gruppen Verbots-, Warn-, Gebots-, → Rettungs- und Brandschutzzeichen unterschieden.

Verbotszeichen

Rauchen verboten

Feuer, offenes Licht und Rauchen verboten

Für Fußgänger verboten

Warnzeichen

Warnung vor feuergefährlichen Stoffen

Warnung vor explosionsgefährlichen Stoffen

Warnung vor giftigen Stoffen

Gebotszeichen

Augenschutz tragen

Schutzhelm tragen

Gehörschutz tragen

Brandschutzzeichen

Löschschlauch   *Leiter*   *Feuerlöschgerät*

Signierungskosten marking charges Kosten für die Beschriftung (= Signatur) von Packstücken.

Silo/Silolager silo storage zylindrischer oder eckiger Speicher für die Lagerung von Schüttgütern. Die Beschickung erfolgt grundsätzlich von oben durch Krane, Aufzüge, Pumpen oder andere Fördergeräte. → Bunker

Skinverpackung [engl.-dt.] skin package Kunststoffverpackung in Folienform, mit der Waren wie etwa Elektroartikel eng und formgerecht (von engl. *skin* = Haut) umschlossen werden können. Der S. ähnlich ist die → Blisterverpackung.

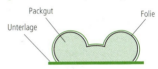

Sonderlagerung special storage auch „gesonderte", separate Lagerung genannt; sie gilt im Lagergewerbe als üblich und bedarf keiner Vereinbarung. Der Einlagerer erhält bei der S. dasselbe Lagergut zurück, das er zur Lagerung übergeben hatte. Ggs. → Sammellagerung

Sonderziehungsrechte/SZR Special Drawing Rights/SDR „künstliche" Zahlungseinheit (auch RE = Rechnungseinheit) des internationalen Währungsfonds. S. werden nicht am Devisenmarkt gehandelt. Ihr Wert in den Landeswährungen richtet sich nach dem Marktwert eines Währungskorbes, der die wichtigsten Weltwährungen enthält (USD, EUR, GBP und JPY).

Spediteur forwarder, forwarding agent, freight forwarder verkehrsträgerneutraler Dienstleister, der es gewerbsmäßig übernimmt, Güterversendungen für Rechnung anderer durch von ihm beauftragte Frachtführer in eigenem Namen zu **besorgen**. Besorgen heißt, der S. veranlasst die Durchführung und erledigt alle kaufmännisch-organisatorischen Arbeiten, er befördert die Ware nicht zwingend selbst.

> Ein S. kann auf dem Verkehrsmarkt die beste Transportalternative oder den rationellsten Versandweg suchen. Neben der Besorgertätigkeit gem. §§ 453ff. HGB übernimmt der S. in der Praxis meist folgende Aufgabenbereiche, die ihm rechtlich die Rolle eines Frachtführers zumessen:
> - Selbsteintritt (§ 458 HGB)
> - Spedition zu festen Kosten (§ 459 HGB)
> - Sammelladungsspedition (§ 460 HGB)
>
> Der S. kauft Verkehrs- und damit zusammenhängende Dienstleistungen, ergänzt sie u. U. mit selbst produzierten Diensten (z. B. Lagerung, Kommissionierung) und verkauft diese als Gesamtleistung an die Auftraggeber.

Spediteur-Übernahmebescheinigung Forwarding Agent's Certificate of Receipt/FCR internationale Bescheinigung eines Spediteurs, eine bezeichnete Ware mit der unwiderruflichen Weisung zur Beförderung an einen vom Auftraggeber vorgeschriebenen Empfänger oder zur Verfügungstellung an einen Dritten übernommen zu haben. Die Weisung kann nur gegen Rückgabe der Original-S. widerrufen oder abgeändert werden, und auch nur so lange, wie dem Spediteur selbst noch ein Verfügungsrecht über die zu befördernde Sendung zusteht. → FIATA-Dokumente

Spediteurdokumente forwarders documents → FIATA-Dokumente

Spediteurfehler forwarding agent's fault/failure Handlung oder Unterlassung, mit denen i. w. S. die Sorgfalt verletzt wird. Als typischer S. gelten a) Wahl eines falschen Beförderungsmittels oder -weges sowie falsche Beförderungsweise, b) Fehlverladung durch Verwechselung, c) Ausstellung fehlerhafter oder falscher Papiere, falsche Verzollung, Verletzung von Beförderungsvorschriften, d) fehlerhafte oder unterlassene Versicherungsanmeldungen.

Spediteurhaftung forwarder's liability → ADSp-Haftung

Speditionsvertrag/-auftrag forwarding contract Dienstvertrag, der die Besorgung einer Beförderung zum Ziel hat (§ 453 ff. HGB). Der Spediteur tritt nicht für den vollen Erfolg der Beförderungsleistung ein, sondern lediglich für die Besorgung. Ein S. ist nicht gleichzeitig ein → Logistikvertrag. Der S. wird in der Regel schriftlich mittels eines Speditionsauftrags (s. Beispiel folgende Seite) auf der Basis der ADSp geschlossen. Hierzu können standardisierte Speditionsauftragssätze verwendet werden. Sie dienen als Übernahme-/Ablieferungsquittung, Begleitpapier und Abrechnungsgrundlage.

Sperrigkeit bulkiness → x-mal messend

Sperrvermerk blocking note, stop order

> Eintragung in einem Transportdokument mit der Vorschrift, dass das Verfügungsrecht des Absenders über das Gut nur gegen Vorlage der Absenderausfertigung des Dokumentes ausgeübt werden kann (§ 418 Abs. 4 und 6 HGB).

Wird ein Frachtbrief mit einem S. versehen, wird er zu einem Sperrpapier (*document of subsequent disposition*). Gibt der Absender seine Ausfertigung aus der Hand – etwa an eine Bank zwecks Zahlungssicherung – verliert er jede Möglichkeit, auf den Transport einzuwirken. Er „sperrt" sich von seinen Verfügungsrechten ab.

Speziallager special-commodity warehouse Lagerart für z. B. flüssige, gasförmige, verderbliche, umweltgefährdenden Güter. S. sind u. a. Silos, Tanklager, unterirdische Lager in Salzstöcken oder Stollen.

Spiel/Lagerspiel storage cycle bei Regalförderzeugen (RFZ) der vollständige Zyklus einer Last- und einer Leerfahrt pro Lagerort. Eine Ein- oder Auslagerung mit einer Leerfahrt ist ein **Einzelspiel** (single cycle). Ein **Doppelspiel** (double cycle) ist die Ablaufkette: Hinfahrt + Einlagerung und Auslagerung + Rückfahrt. Doppelspiele sichern hohe Umschlagleistungen. Die aufgewendete Zeit wird als **Spielzeit** (cycle/ floating time) bezeichnet, sie dient als Basis für Kalkulationen.

Spiel/Lagerspiel

Beispiel: Speditionsauftrag nach DIN 5018 (33 Datenfelder)

1 Versender- und Beladedaten
2 Empfänger- und Entladedaten
3 Vertrags-/Abwicklungsdaten
4 besondere Versenderangaben
5 Verpackungs- und Gewichtsangaben
6 Gefahrguthinweise
7 Frankaturvorschriften
8 Transportversicherung
9 Datum, Unterschrift des Auftraggebers
10 Geschäftsbedingungen, Gerichtsstand u. Ä.

Speditionsauftrag

1 Versender/Lieferant 2 Lieferanten Nr.

Märkische Elektromotoren KG
Kallweit & Stöcker
Ruhrstr. 12
58511 Lüdenscheid
+ 49 (0) 2351 892335

3 Speditionsauftrag-Nr. **4420**

4 Nr. Versender beim Versandspediteur

5 Beladestelle
Harkortstr. 5 Lager 1 58511 Lüdenscheid

6 Datum **08.06.2010** 7 Relations-Nr.

8 Sendungs-Nr.
V 32-5 ❶

9 Versandspediteur 10 Spediteur-Nr.

11 Empfänger 12 Empfänger-Nr.

Ventex Handel GmbH
Am Bildstock 32–34
93055 Regensburg
+ 49 (0) 941 88125

❷

Rhein Trans

RHEIN TRANS
Internationale Spedition
Alois Freiberger GmbH
Karl-Krauss-Straße 10
50937 Köln
K.Müller@Rheintrans.de
Telefon: **+49 (0) 221 45553**
Fax: **+49 (0) 221 4555333**

13 Bordero-/Ladeliste-Nr.

14 Anliefer-/Abladestelle
Am Bildstock 32-34, Halle 2
93055 Regensburg

15 Versendervermerke für den Versandspediteur

❹

16 Eintreff-Datum **10.06.** 17 Eintreff-Zeit **bis 15** Uhr

18 Zeichen und Nr.	19 Anzahl	20 Packstück	21 SF	22 Inhalt	23 Lademittel-Gewicht kg	24 Brutto-Gewicht kg
MEKG 001 - 010	10	Einweg-Paletten	1	Elektromotoren		1250
❺						
Summe:	25 10	26 Rauminhalt cdm / Lademeter		Summen:	27	28 1250

29 Gefahrgut
UN-Nr. Gefahrgut-Bezeichnung ❻
Gefahrzettelmuster-Nr. Verpackungsgruppe Nettomasse kg/l
Hinweise auf Sondervorschriften

30 Frankatur	31 Warenwert für Transportversicherung	32 Versender-Nachnahme
frei Haus ❼	**EUR 18 750,00** ❽	

33 Anlagen

❾

Datum, Unterschrift

❿ Wir arbeiten ausschließlich nach den Allgemeinen Deutschen Spediteurbedingungen (ADSp), jeweils neueste Fassung, welche als Download bzw. Druck unter **www.Rheintrans.de** zur Verfügung stehen und somit als Vertragsgrundlage dienen.
Diese beschränken in Ziff. 23 ADSp die gesetzliche Haftung für Güterschäden nach § 431 HGB für Schäden in speditionellem Gewahrsam auf 5,00 EUR/kg; bei multimodalen Transporten unter Einschluss einer Seebeförderung auf 2 SZR/kg sowie darüber hinaus je Schadensfall bzw. -ereignis auf 1 Mio. bzw. 2 Mio. EUR oder 2 SZR/kg, je nachdem welcher Betrag höher ist. Ziff. 27 ADSp gilt nicht als Vereinbarung anderer Haftungshöchstbeträge im Sinne von Art. 25 Montrealer Abkommen. Die Transportversicherung haben wir bei O. Schunck KG gezeichnet. Spediteurrechnungen sind sofort nach Rechnungserhalt zu zahlen. Erfüllungsort und Gerichtsstand ist Köln.
USt.-ID: 153386120

Standgeld detention charges, demurrage Kosten, die ein Absender/Empfänger zu tragen hat, wenn durch sein Verschulden ein Fahrzeug auf die Be- oder Entladung warten muss oder wenn die übliche Ladefrist überschritten wird.

Stapellast stacking load oder → Auflast; Last, mit der ein → Container oder ein anderes Transportgefäß überstapelt werden kann.

Stapelung stacking Packstückanordnung z. B. auf Flachpaletten oder in Lagerregalen. Eine sachgerechte S. erhöht die Sicherheit und fördert die optimale Flächen-/Volumennutzung. Die Verbunds. ist der Linears. sicherheitstechnisch überlegen. Gestapelte Waren können ferner durch Schrumpf-, Stretchfolien, Kunststoff-, Stahlbandumreifungen sowie Verklebungen gesichert werden.

lineare Stapelung *linear stacking*

Verbundstapelung *chimney stacking*

Statuskontrolle/-meldung status control, status message Mitteilung, wo sich eine Sendung oder ein Transportmittel befindet. → Tracking and Tracing

Stauerei stevedoring company/firm auch Lascher genannt; Spezialunternehmen für die fachgerechte Verladung von Gütern auf Schiffen oder in Containern.

Stauplan cargo/stowage plan → Ladeplan → EUR-Palettenpläne

Stauverlust broken stowage, breakage durch unsachgemäße Stauung oder ungünstige Packstückabmessungen verloren gehender Laderaum.

Steige fruit crate Verpackung für Obst und Gemüse. Die S. kann aus Holz, Kunststoff, Pappe bestehen, sie ist formstabil und stapelbar. → Packmittel → Harras

Stellage [ndl.] rack, stillage Gestell, Gerüst, Ständer

Stellplatzkennzeichnung bin/slot number manuelle oder elektronische Lagerplatz-Kennzeichnung; jeder Stellplatz wird mit einer eigenen Nummer versehen. Die Nummerierung kann z. B. in Form der Erfassung von Regalzeile (09), Regelfeld (08) in Längsposition und Regalebene (03) als Höhenposition erfolgen – es ergibt sich in diesem Fall die S. 09-08-03.

Stetigförderer continuous conveyer Fördermittel, mit denen Güter ständig oder taktgebunden transportiert bzw. umschlagen werden können. Als flurgebundene (= auf dem Boden arbeitende) S. gelten u. a. Rollenbahnen, Gurt-, Kettenförderer. Zu den flurfreien (= von der Decke abhängenden) S. gehören u. a. Kreiskettenförderer, Elektrohängebahnen. Ggs. → Unstetigförderer

Stretchen stretching maschinelles Umwickeln von Packstücken mit Folie zwecks Transportsicherung, so dass eine feste Transport- oder Lagereinheit gebildet wird. Erfolgt diese Tätigkeit von Hand, spricht man von Wickeln.

Stretchverpackung stretch pack Kunststoffverpackung in Form dünner, haftfähiger Dehnfolien. Das automatische Umwickeln (→ Stretchen) erfolgt mittels Stretchautomaten (*stretch machine*). Statt Vollautomaten kommen oft halbautomatische Folienstretchgeräte zur Anwendung, bei denen Folienspannung und Wicklungsgeschwindigkeit manuell kontrolliert werden.

strip stowage [engl.] Stauung von Container in der Form, dass ein sofortiges Auspacken der Waren möglich bleibt.

Stripping [engl.] oder unstuffing Entladen oder Auspacken eines Containers. Ggs. stuffing

Stückgut general cargo, mixed cargo, break bulk cargo Sendung, die verladetechnisch manuell, mechanisch oder teilautomatisch umgeschlagen werden kann, z. B. Kiste, Karton, Fass, Sack, Palette. S. wird in der Regel zusammen mit anderen Gütern zu einer Ladung zusammengefasst. Je nach Verkehrsträger kann S. unterschiedlich definiert werden. Im Güterkraftverkehr gelten Sendungen bis ca. 3 t als S.

Stuffing [engl.] Beladen oder Füllen eines Containers. Ggs. stripping

Subunternehmer [von lat. sub = unter, unterhalb] subcontractor Unterauftragnehmer; Vertragsunternehmer, der z. B. logistische Arbeiten wie Vor-, Nachlauf, Kommissionierung etc. nach Anweisungen ausführt. Der S. ist eigenverantwortlicher Unternehmer, er arbeitet auf eigene Rechnung, ohne direkte Auftragnahme beim ursprünglichen Auftraggeber.

Supply Chain [engl.] Versorgungs- oder Wertschöpfungskette

Supply Chain Management/SCM [engl.] sinngemäß die Steuerung von Versorgungsketten (*supply chain*); im Wesentlichen handelt es sich um die optimale Gestaltung und Verknüpfung von Geschäftsprozessen, die entlang der Versorgungs- bzw. Lieferkette vom ersten Rohstofflieferanten über den Hersteller und Verteiler bis zum Endverbraucher auftreten.

Systemverkehre scheduled cargo traffic mit einer abgestimmten Ablauforganisation versehener Sammelgutverkehr mit Lkw, der im Regelfall von kooperierenden Speditionen, sog. Systemdienstleistern, betrieben wird. S. bieten regelmäßige, häufige und flächendeckende Beförderungen in Netzwerken mit Liefergarantien sowie auch Direktverkehre. Weitere Merkmale sind die einfache einheitliche Preisgestaltung, gemeinsame Marketingstrategien der Partner, elektronische Sendungsverfolgung (→ Tracking and Tracing) und schnelle Abwicklung.

T

Tablar tray Tablett, Verpackungs- oder Lagerhilfsmittel für leichte, kleinteilige Waren; meist bestehend aus einem rechteckigen Boden mit Rand oder Griffleiste.

Tablarlager tray store Lagertechnik, bei der → Tablare eingesetzt werden. Das T. ist eine Form der automatisierten Kleinteilelagerung (AKL), die Bedienung erfolgt i.d.R. durch elektronisch gesteuerte Regalbediengeräte oft auch in Hochregalen. Statt Tablaren können auch Kästen, Lagerwannen, Kassetten verwendet werden.

Tank/Tanklager tank, storage tank Behältnis für Flüssigkeiten oder Gase, meist in zylindrischer Form. Die Beschickung erfolgt durch Pumpen. → Lagerarten

Tannenbaumregal x-mas tree racking Kombination aus → A-Gestell und → Kragarmregal für statische Lagerungen. → Regale

Tara [ital.] tare Gewicht der Verpackung (von ital. Tara = Abzug, Minderung).

Tatbestandsaufnahme/TA statement of facts, official report oder Schadenprotokoll. Die T. dient der Feststellung von Ursache und Zeitpunkt eines Schadens und kann bei Lager- oder Transportschäden erstellt werden. Sie ist Voraussetzung für die Schadenregulierung, stellt jedoch nicht die Anerkennung einer Haftung dar. Vielfach reicht das Eintragen eines sog. „Schadenvorbehalts" in einem Begleitpapier bei der Anlieferung aus.

tatsächliches Gewicht acutal weight Gewicht einer Sendung einschl. Verpackung. Das t. muss nicht identisch sein mit dem frachtpflichtigen Gewicht (*chargeable weight*). → Volumenberechnung

Tauschpalette exchange pallet → Palettenpool → Palettentausch

Tautliner [engl. taut = angespannt, liner = Transportmittel] Lkw mit Schiebeplanenaufbau und integrierten Spanngurten, ohne Bordwände. Die Planen können, für eine einfache Be- und Entladung, wie Gardinen dach- und beidseitig getrennt aufgezogen werden.

Teilsendung partial load von einem Auftraggeber einem Lagerhalter zur Lagerung übergebener Teil einer Gesamtsendung.

TEU [engl.] Abk. für twenty feet equivalent unit Umrechnungseinheit und Standardbezeichnung für die 20-Fuß-Containereinheit nach ISO-Norm. T. wird als Verrechnungseinheit v. a. im Seeverkehr verwendet, wo Containerschiffe nach ihrer T.-Anzahl charakterisiert werden. → Container

Totzeit dead/lost time oder Nebenzeit; Teil der → Kommissionierzeit.

Tracking and Tracing [engl.] auch als track & trace/T&T bezeichnet; Verfahren zur Verfolgung und Suche von Sendungen v. a. im Sammelgutverkehr und bei → KEP-Diensten.
- **Tracking**: Sendungsidentifikation und Statusmeldung mit elektronisch gelesener Labels an jeder → Schnittstelle, dies sichert die lückenlose Sendungsverfolgung während des Transportes.
- **Tracing**: Sendungsrückverfolgung; nachträgliche Darstellung eines Transportabschnitts oder der komplette Nachvollzug eines Sendungsverlaufes. Vgl. Abb. S. 140.

Traglufthallenlager air-supported building schnell aufbaubares Lager, dessen Hallenhaut aus luftundurchlässigen Gewebebahnen besteht, die mit Gebläsen ballonartig über einer festen Grundfläche aufgespannt werden. Luftschleusen bilden die Zu-/Ausgänge. T. werden als Ausweichlager und in Notfällen eingesetzt. → Lagerarten

Trailer

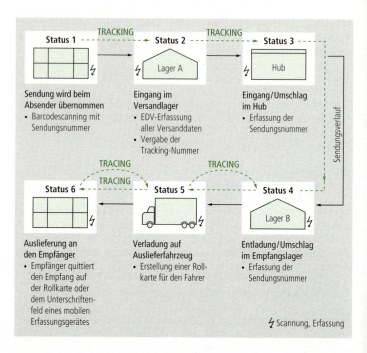

Trailer [engl.] Sattelauflieger, Sattelanhänger; bildet mit der Zugmaschine (Sattelschlepper) verkehrsrechtlich ein Fahrzeug, den Sattelzug.

Transit [lat.-ital.] transit Durchfuhr

Transport [lat.-frz.] transport Beförderungen auf inner- oder außerbetrieblichen Transportwegen.

Transportdokumente transport/freight documents Dokumente, die eine Verladung von Gütern ausweisen, vgl. Übersicht S. 141 u. 142.

Transportdokumente

Übersicht der wichtigsten Transportdokumente

Transportbereich	Landverkehre			Seeverkehre (international)	Luftverkehr (international)	Mischformen (international)
Verkehrsmittel	Lkw	Bahn	Binnenschiff	Seeschiff	Flugzeug	z. T. kombiniert
Transportpapier(e) und Rechtsgrundlagen — National	*HGB-Frachtbrief*	*Verschiedene; z. T. Frachtbrief oder Transportschein*	a) *Frachtbrief* b) *Ladeschein (Rhein-Konnossement)*	a) *Konnossement* engl.: *Bill of Lading (B/L)* b) *Seefrachtbrief* engl. *sea waybill* Vertragsfreiheit; üblich sind: • HGB § 476 ff. • Haager Regeln • Konnossements-Bedingungen	*Air Waybill/AWB* • Montrealer Abkommen (MAK) • IATA-Bedingungen • WAK = Warschauer Abkommen (veraltet)	a) *Multimodalverkehr* FIATA-Dokument Geschäftsbed. b) *KEP-Dienste* Frachtbrief Geschäftsbed. c) *Postverkehr* Posteinlieferungsschein Geschäftsbed.
		§ 408 HGB ff.				
international	*CMR-Frachtbrief*	a) *CIM-Frachtbrief* b) *SMGS-Frachtbrief* (Osteuropa)	a) *Frachtbrief* b) *Ladeschein (Konnossement)* c) *combined B/L*			
	CMR Art. 5 ff.	a) CIM Art. 3 ff. b) SMGS	CMNI			

Transportdokumente

Transportbereich	Landverkehre			Seeverkehre (international)	Luftverkehr (international)	Mischformen (international)
Verkehrsmittel	Lkw	Bahn	Binnenschiff	Seeschiff	Flugzeug	z. T. kombiniert
Aussteller	Absender	Absender	a) Absender b) + c) Frachtführer	Verfrachter	Absender, IATA-Agent oder Frachtführer	Verschieden
Originale/Kopien (Durchschriften)	3/beliebig	Unterschiedlich	a) 3/beliebig b) verschieden	Verschieden	3/beliebig	Verschieden
Bedeutung, Aufgaben des Dokumentes		**Frachtbrief**: • Beweisurkunde über Abschluss und Inhalt des Frachtvertrages • Empfangsbescheinigung des Frachtführers und ggf. des Empfängers • Begleitpapier und ggf. Sperrpapier	a) vgl. Frachtbrief b) und c) • Empfangsbescheinigung • Beförderungs- und Auslieferungsversprechen	a) • Empfangsbesch. • Beförderungs- und Auslieferungsversprechen b) vgl. Frachtbrief	u. a. • Vertragsbeweis • Empfangsbescheinigung des Frachtführers • Begleit- und Instruktionspapier, • Versicherungszertifikat • Zollunterlage • Sperrpapier	u. a. • Vertragsbeweis • Empfangsbesch. • Instruktionspapier • ggf. Versicherungspapier
Wertpapier	nein	nein	a) nein b) + c) ja	a) ja b) nein	nein	a) FBL, FWR

Transportrecht

Transportkette transport chain Verbindung von Transportarten im Rahmen gebrochener Verkehre. Eine T. setzt voraus, dass die technischen Mittel (Container, Wechselbrücken usw.) verknüpfbar sind und dass organisatorisch die Informations- und Steuersysteme abgestimmt werden können.

Transportlabel transport label Datenträger z. B. im → Barcode-System. Ein T. kann die Eindeutigkeit von Packstücken oder Versandeinheiten (→ Schnittstellenkontrolle) sicherstellen. Nach → EAN sollen T. eine eindeutige Identifikations-Nummer oder NVE (Nummer der Versandeinheit) tragen. → Licence Plate

Transportmittel means of transportation techn. Einrichtungen für die Erstellung einer Transportleistung. Ein T. kann ortsfest oder fahrbar sein. Fahrbare T. werden als Fahrzeuge bezeichnet. Im Güterverkehr werden im Wesentlichen die folgenden fahrbaren T. eingesetzt:
- Lkw ohne und mit festem Aufbau (Pritschen-, Kasten-, Tank-, Sonderaufbau)
- Bahnwagen, gedeckt, offen, und als Spezialwagen
- Frachtflugzeuge, Passagierflugzeuge mit Frachtraum, umrüstbare Fracht-/Passagierflugzeuge und Hubschrauber
- Binnen- und Seeschiffe als Massengut- und Stückgutschiffe für trockene Güter, Spezialschiffe (Ro/Ro-Schiffe, Autotransporter u. a. m.), Tankschiffe

Transportrecht transport legislation Gesetze, Verordnungen, Geschäftsbedingungen und Handelsbräuche, die Transporte von Personen oder Gütern regeln. Das T. für Güter wird **Frachtrecht** genannt. Es kann teilweise für Logistikleistungen angewendet werden (→ Logistikvertrag) und beinhaltet auch das **Lagerrecht**. In Deutschland ist das T. für Güterverkehre einheitlich im HGB geregelt (vgl. Übersicht), es ist nur teilweise zwingend. Die Bestimmungen des HGB können durch „Allgemeine Geschäftsbedingungen" (z. B. ADSp) ersetzt werden. Ergänzend gibt es weitere Bedingungswerke, die dem T. zugerechnet werden. Es handelt sich um internationale Verträge, die in den Rang eines deutschen Gesetzes erhoben wurden; sie sind teilweise zwingend anzuwenden.

Trennungslagerung

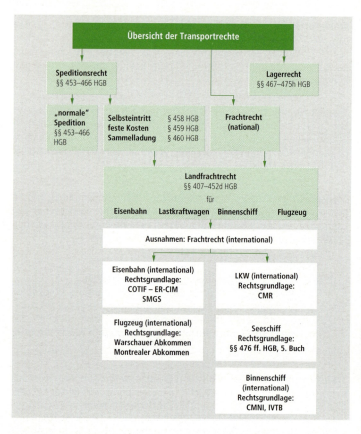

Trennungslagerung separate storage verfügte Lagerung, bei der die Güter der Einlagerer getrennt gelagert werden. Die T. entspricht der → Sonderlagerung.

Trennvorschrift segregation rule oder Zusammenstellverbot; Vorschrift bei der Verladung oder Lagerung von → Gefahrgut/-stoffen, bestimmte Produkte nicht nebeneinander zu verladen oder zu stellen. Sollen Gefahrstoffe zu Transporteinheit zusammengefasst werden, muss geprüft werden, ob eine T. besteht.

Trockenmittel desiccant, drying agent, moisture-absorbing bag Ladehilfsmittel aus Kieselgel, Kalziumchlorid oder Aluminiumsilikat, das Luftfeuchte absorbiert und Schäden wie Korrosion, Schimmel verhindert. Es kann u.a. in Beuteln oder Tabletten dem Transportgut beigegeben werden.

trucking [engl.] Beförderung mit Lkw, z.B. als Vor- oder Nachlauf eines Luft- oder Seetransportes.

TUL TTS Transport, Umschlag und Lagerung transport, transshipment (handling) and storage die grundlegenden drei physischen Tätigkeiten in der Logistik. Es wird von T.prozessen oder T.logistik gesprochen, wenn alle drei Bereiche in Kombination angeboten, durchgeführt oder genutzt werden.

Turmregal tower/shuttle rack vollautomatisches Speziallager mit Aufzügen für → Tablare mit einer Höhe bis zu 10 m. T. arbeiten vertikal nach dem Prinzip → Ware zum Mann/WzM; die Regalform wird auch Lift-, Aufzug-, Vertikal- oder Shuttleregal genannt. → Regale

Tyden Seal [engl.] Metalleinsteckplombe aus zinnplatiertem Blech mit farbigem Kopfoberteil. T. dienen für den Verschluss von Planen- und Kofferaufbauten, Containern, Bahnwagen und Tankfahrzeugen sowie einzelnen Packstücken (Kisten).

Typ D-Lager bonded/customs warehouse typ D privates → Zolllager, das nur von Lagerhaltern/Spediteuren unterhalten werden darf. Es wurde früher als „offenes Zolllager" (OZL) bezeichnet.

U

über alles messen overall measurement bei der Ladungsvermessung werden alle vorstehenden Teile (Leisten, Rahmen usw.) mitgemessen.

Überlagernahme temporary storage Hallenumschlag und kurzzeitige Lagerung von Sammelgut nach dem Vorlauf, bis es einer Relation zugeordnet und verladen wird.

Umladung transshipment, reloading Umladen von Gütern von einem Fahrzeug auf ein anderes oder auf dem Fahrzeug selbst. U. kann notwendig sein bei Überladung, unsachgemäßer Beladung oder als Unfallfolge. Um Schäden zu vermeiden, kann der Absender im Frachtbrief ein Umladeverbot (*transshipment ban*) erklären.

Umlagerung shift, restorage, stock transfer a) Stellplatzveränderung innerhalb eines Lagers, z. B. zwischen oder innerhalb von Lagergassen; b) Warenwechsel von einem Lager zu einem anderen.

Umlaufregal/-lager automated carrousel, paternoster vertikal oder horizontal bewegliche Regalanlage, bei der Beschickungs- und Entnahmestationen festgelegt sind. Für die Ein- und Auslagerungen werden die Regale in einem zyklischen Umlauf zu den Stationen gebracht. Die Vorteile der mit hohen Investitionskosten verbundenen U. liegen v. a. in der Anwendung des → Fifo-Prinzips, der → Ware-zum-Mann-Kommissionierung, hoher Flächen- und Raumausnutzung sowie wegoptimierter Teilezugriffe (→ Regale). Es werden unterschieden:
- Paternosterregal in Vertikalausführung (Schrank-, Schlagenpaternoster)
- horizontal umlaufendes Karussellregal mit/ohne Höhenveränderung

Umweltmanagement (UM)

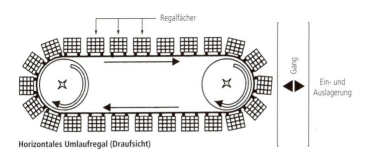

Horizontales Umlaufregal (Draufsicht)

Umreifung strapping bandförmiges Verschlusshilfsmittel (Umreifungsband) zur Sicherung oder Verstärkung von Packstücken. Die U. kann manuell oder mit voll- oder halbautomatischen U.geräten *(strapping tools)* vorgenommen werden.

Umschlaghäufigkeit turnover ratio/rate Produktivitätskennziffer → Kennziffern für Lagerung

Umschlaglager distribution centre Lager für kurzfristig zu lagernde Güter, v. a. beim Wechsel von Transportmitteln. → Lagerarten

umstechen to turn Umschaufeln von Getreide im Lager, um eine Erhitzung oder Entzündung zu vermeiden.

Umverpackung outer carton/package, overpacking zusätzliche rücknahmepflichtige Verpackung einer Handelsware, die v. a. bei Selbstbedienung zu Transport- und Sicherungszwecken dient, der Endverbraucher kann sie kostenlos zurückgeben.

Umweltmanagement (UM) eco/environmental management betrifft betriebliche und behördliche Umweltaspekte einer Unternehmung. Mit gesetzlichen Auflagen sollen hohe Umweltbelastungen (CO_2-Ausstoß, Klimaveränderungen) der Unternehmungen reduziert und die Leistungsprozesse umweltschonend gestaltet werden. Das U. regelt Zuständigkeiten und Verantwortlichkeiten (Umweltbeauftragter, -manager) und verbessert die betriebliche Umweltsituation. Die wichtigsten zertifizierten

Unfallmerkblatt

U.-systeme sind derzeit EMAS und DIN EN ISO 14001. → Green Logistics

Unfallmerkblatt transport emergency card (tremcard), emergency schedule/EMS seit 2009 ersetzt durch die → Schriftliche Weisung nach ADR.

Unfallverhütungsvorschriften/UVV accident prevention code/regulations rechtsverbindliche Vorschriften der Berufsgenossenschaften zur Verhütung von Arbeitsunfällen und Berufskrankheiten. Die Vorschriften für Lagerungen und Stapelungen sind in § 34 der Allgem. Vorschriften der UVV verankert.

unfrei carriage forward c/f, collect, not prepaid Zahlungsvermerk; besagt, dass der Empfänger die Fracht und alle sonstigen Kosten trägt.

Unitarisierte Ladung [von lat. Unität = Einheit] unit load svw. vereinheitlichte Ladung, Ladungseinheit; Güter in Containern oder auf Paletten.

UN-Nummer UN number, United Nations Number von den Vereinten Nationen festgelegte Stoff- oder Kennzeichnungsnummer zur weltweiten Identifizierung gefährlicher Güter. Sie kann im unteren Feld der → Warntafel aufgeführt sein. Die U. sind in zwei Gruppen unterteilt:
- < 1 000 = Explosionsstoffe, oder Gegenstände mit Teilen davon (z.B. 0160 = Treibladungspulver)
- > 1 000 = restliche Gefahrklassen (z.B. 1203 = Benzin)

Unstetigförderer discontinuous conveyor bei Bedarf einsetzbare, ortsungebundene und flexible → Fördermittel. Zu den U. gehören Regalbediengeräte, gleislose Flurförderzeuge (Gabelstapler, Hubwagen, Elektro-Deichselgabelhubwagen), Hebezeuge (Krane) und fahrerlose Transportsysteme (Teletraks). Ggs. → Stetigförderer

Unterflur-Schleppkettenförderer floor truck conveyor stetig arbeitendes Fördermittel für den innerbetrieblichen Transport. Mittels Schleppketten, die durch in den Hallenboden eingelassene Kettenkanäle (= Unterflur) laufen, werden eingeklinkte Gabelhubwagen oder anderen Trägereinheiten befördert. U. gelten als einfach, leistungsstark und kostengünstig. Dem stehen ein hoher Platzbedarf und der Zwang zur Linienführung im Rundlauf entgegen.

Unterfrachtführer/-spediteur sub-carrier/sub-forwarder vertraglich über einen Unterfrachtvertrag bzw. -speditionsvertrag an einen Hauptfrachtführer oder Hauptspediteur gebundenes Verkehrsunternehmen. U. werden auch oft als → Subunternehmer bezeichnet.

Unterversicherung underinsurance liegt vor, wenn eine Versicherungssumme zu niedrig angesetzt wurde. Die Gefahr der U. besteht, wenn Warenwerte nicht oder nicht korrekt angegeben werden und Schätzungen als Grundlage für die Versicherungssumme dienen.

Beispiel einer Unterversicherung:

Vom Einlagerer vorgegebene Versicherungssumme	15 000,00 EUR
Tatsächlicher Warenwert (= Versicherungswert)	45 000,00 EUR
Untersicherung	= 30 000,00 EUR

Während der Lagerung werden Waren im Wert von 6 000,00 EUR beschädigt. Der Einlagerer fordert Schadenersatz in Höhe der Schadensumme.
Verhältnis Versicherungssumme (15 000,00 EUR) zu Versicherungswert (45 000,00 EUR) = 1 : 3
Schadenersatz = 1/3 von 6 000,00 EUR = 2 000,00 EUR.

Urversender first/original consignor bei Sammelgut der tatsächliche Warenversender (Lieferant) bzw. derjenige, der mit dem Versandspediteur den → Speditionsvertrag schließt.

Value added services [engl.] → Mehrwertdienstleistungen

VCI-Packstoff Abk. für [engl.] **v**olatile **c**orrosion **i**nhibitor packaging material flüchtiger Rosthemmer; chemisch beschichtete Verpackung, die durch zeitlich begrenzte Gasbildung eine Schutzschicht gegen Rostbildung erzeugt.

Verbotszeichen prohibition sign rundes → Sicherheitskennzeichen der Unfallverhütung; Grundfarbe weiß mit roter Umrandung, schwarze Symbole.

Verbrauchsfolgeverfahren Reihenfolge, in der Güter ein- und ausgelagert werden. Die wichtigsten V. sind → Fifo (*first in first out*) und → Lifo (*last in first out*).

verdeckter Schaden concealed/hidden damage → Schadenanzeige/-reklamation

Verfrachter carrier derjenige, der die gewerbsmäßige Beförderung auf See übernimmt. Er schließt mit dem → Befrachter oder → Ablader den Seefrachtvertrag. Der V. entspricht im Landverkehr dem Frachtführer.

verfügte Lagerung storage by order Lagerung aufgrund eines erteilten Lagerauftrages. → Lagervertrag → Lagerung, gewerblich

Verfügung order, directive, instruction → Weisung

Verkaufsverpackung product packaging, sales package Verpackung für den Transport zum Endverbraucher. V. unterliegt der → Verpackungsverordnung und ist vom Vertreiber kostenlos zurückzunehmen.

Verladung, beförderungssicher safe loading der Absender ist verpflichtet, ein Versandgut zu verladen und beförderungssicher zu verstauen (§ 412 HGB). → Beförderungssicherheit

Verladung, betriebssicher safe loading, loading with guaranteed transport Frachtführerpflicht gem. § 412 HGB. Der Frachtführer ist dafür verantwortlich, dass von seinem Fahrzeug einschl. der Ladung keine Gefährdung Dritter ausgeht. Um die → Betriebssicherheit zu erreichen, muss er nicht selbst beladen, sondern dafür Sorge tragen, dass der Absender so verlädt/verstaut, dass die Betriebssicherheit gewährleistet ist. Hierzu zählen u.a. die Beachtung der Gewichtsgrenzen/-verteilung und die Anordnung der Packstücke auf der Ladefläche.

verlaschen to lash, to strap seetüchtige Befestigung von Ladungen.

Vermögensschaden financial/economic/property loss → Schadenarten

Verpackung packing material Warenumhüllung, gelegentlich auch als Emballage [frz.] bezeichnet. Zu unterscheiden sind
- Aufmachungs- oder Verkaufsv. zum Portionieren von Waren, zum Schutz bei Lagerung sowie zur Produktgestaltung. Die Kosten trägt der Verkäufer.
- Versand- oder Lieferv. zur Bildung von Transporteinheiten und zum Schutz gegen Transportgefahren. Fehlen Vereinbarungen, trägt der Käufer die Kosten.

Verpackungsgruppe packaging group bei Gefahrgut muss die Verpackung für das jeweilige Gut zugelassen sein. Mit der vom Hersteller angebrachten UN-Codierung, die auch die V. enthält, ist die Zulassung erkennbar. Es werden drei V. unterschieden, die nach Gefährlichkeit des Gefahrstoffes gestaffelt sind.

Verpackungskosten

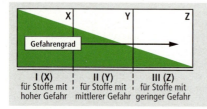

Verpackungsgruppen (I bis III) und **Leistungsbuchstaben** der bauartgeprüften Verpackungen (x, y, z)

X = zugelassen für V. I, II, III
Y = zugelassen für V. II und III
Z = zugelassen nur für V. III

I (X) für Stoffe mit hoher Gefahr
II (Y) für Stoffe mit mittlerer Gefahr
III (Z) für Stoffe mit geringer Gefahr

Verpackungskosten costs of packing, packing costs im Regelfall gilt, dass der Verkäufer die Verkaufs- und Umverpackungskosten übernimmt. Die Versandverpackung ist wie die Versendung selbst vom Käufer zu tragen (Faustregel: Warenschulden sind Holschulden).

Beispiel:

Warenpreis pro kg	3,00 EUR
Kosten der Verpackung	35,00 EUR
Netto-Bezugsmenge	100 kg
Gewicht der Verpackung	15 kg

Kostenregelung	Preis insgesamt
Netto einschließlich Verpackung	100 kg × 3,00 EUR = 300,00 EUR
Netto ausschließlich Verpackung	100 kg × 3,00 EUR = 300,00 EUR + Verpackung 35,00 EUR 335,00 EUR
Brutto einschließlich Verpackung (brutto für netto/bfn)	115 kg × 3,00 EUR = 345,00 EUR
Brutto ausschließlich Verpackung (bfn + Verpackung)	115 kg × 3,00 EUR = 345,00 EUR + Verpackung = 35,00 EUR 380,00 EUR

Verpackungsmittel packaging material → Packmittel

Verpackungspflicht duty of packaging → Versenderpflichten

Verpackungsverordnung/VerpV packaging directive „Verordnung über die Vermeidung und Verwertung von Verpackungsabfällen"; regelt die Vermeidung oder Verringerung von Verpackungsabfällen sowie ggf. deren Wiederverwertung oder Beseitigung. Die V. gilt für alle Verpackungen, die in den Verkehr gebracht werden, unabhängig davon, ob sie im Handel, in Industrie, Verwaltung, Gewerbe, im Dienstleistungsbereich oder Haushalt anfallen. Die V. basiert auf dem → Kreislaufwirtschafts- und Abfallgesetz (KrW-/AbfG), das grundsätzliche Ziele verfolgt wie u. a. die Sicherung der umweltverträglichen Abfallbeseitigung, die Schonung der natürlichen Ressourcen sowie die Förderung der Kreislaufwirtschaft.

Versandanzeige shipping/delivery note Mitteilung an einen Käufer/Empfänger, dass die bestellte Ware ausgeliefert wird.

Verschieberegal mobile/push-back rack Regalart mit elektrisch oder manuell verschiebbaren Regalwänden. Durch die Verschiebung sind stets nur ein oder zwei Gassen begehbar. Das V. ermöglicht eine hohe Raumausnutzung, verhindert jedoch einen schnellen Zugriff auf die Lagerwaren. → Regale

Verschieberegal mit Schaltleisten-/Lichtschranken-Sicherung

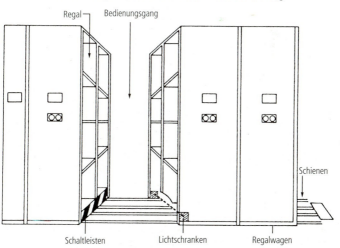

Verschließmittel

Verschließmittel packaging/closing accessory alle Hilfsmittel zum Verschließen von Versand- oder Lagereinheiten.

Verschließmittel	Merkmal	Verschlussbeispiel
Schnur (Bindfaden, Kordel) *binder, packthread*	Naturfasern (Hanf, Sisal) oder Nylon	Traditionell für Kartons, Schachteln, Säcke
Draht *wire*	Hohe Reißfestigkeit	
Klebeband *adhesive tape*	Kunststoff, neutral oder mit Werbeaufdruck	Leichte Packstücke aus Karton oder Pappe
Klebstoff *adhesive gum*	Spezialkleber ohne nennenswerte Rückstände, Folienersatz	Verkleben von Kartons, Schachteln, Säcken auf Paletten
Umreifungsband *strap, strapping*	Stahl oder Kunststoff; vielfach Kantenschutzprofile notwendig	Mittelschwere Packstücke wie Kisten, Kartons, Ballen
Stretchfolie *stretch foil/wrapping*	Dehnbar, aus Kunststoff, für manuelles/maschinelles Umwickeln	Geschlossene Packeinheiten, z. B. Paletten
Schrumpffolie *shrink film/foil*	Dehnbar, stabil, aus Kunststoff, durch Wärme zusammenziehbar	

Verschuldenshaftung tortious liability, liability in tort, liability based on fault → Haftungsprinzip

Versender sender, consignor, shipper derjenige, der eine Ware zum Ort des Bedarfs sendet. Übernimmt ein Spediteur die Versendung, wird er zum V., da er den → Frachtvertrag mit dem Frachtführer schließt. In der Regel ist der V. der Auftraggeber des Spediteurs. → Absender

Versenderpflichten, nach ADSp obligations of the sender/shipper Die im Regelfall verwendeten ADSp präzisieren die allgemeinen → Absenderpflichten.

Pflicht des Versenders/Auftraggebers		
Regelung	ADSp	Konkrete Tätigkeiten/Aufgaben
Kennzeichnungspflicht	Ziff. 6.1	Packstücke sind haltbar mit den für die auftragsgemäße Behandlung erforderlichen Kennzeichen zu versehen. Hierzu gehören Adressen, Zeichen, Nummern, Symbole für Handhabung und Eigenschaften. Alte Kennzeichen müssen entfernt oder unkenntlich gemacht werden.
	Ziff. 6.2.1	Zu einer Sendung gehörige Packstücke sind als zusammengehörig leicht erkennbar zu kennzeichnen
Inhaltssicherung	Ziff. 6.2.2	Packstücke sind so herzurichten, dass ein Zugriff auf den Inhalt ohne Hinterlassen äußerlich sichtbarer Spuren nicht möglich ist.
Zusammenfassung	Ziff. 6.2.3	Bei einer im Sammelladungsverkehr abzufertigenden Sendung, die aus mehreren Stücken oder Einheiten mit einem → Gurtmaß (größter Umfang zuzüglich längste Kante) von weniger als 1 m besteht, sind diese zu größeren Packstücken zusammenzufassen.
Hängeversand	Ziff. 6.2.4	Textilien im Hängeversand müssen zu Griffeinheiten mit unten geschlossenen Hüllen zusammengefasst werden.
Gewichtskennzeichnung	Ziff. 6.2.5	Auf Packstücken von mindestens 1 000 kg Rohgewicht ist bei Seebeförderungen das Gewicht auf dem Packstück zu vermerken.

Versicherer underwriter, insurer derjenige, der nach Eintritt eines Schadenfalls die Entschädigung zu leisten hat, dies sind Versicherungsgesellschaften. → Versicherter → Versicherungsnehmer

Versicherter insured, policy holder derjenige, dessen Interesse durch einen Versicherungsvertrag geschützt wird. Meist ist ein V. der Eigentümer der Ware oder derjenige, der nach den Lieferbedingungen das Beförderungsrisiko trägt.

Versicherungsnehmer policy holder, insurance holder/consumer derjenige, der in eigenem Namen einen Antrag auf Abschluss eines Versicherungsvertrages stellt. Der V. bestimmt Umfang und Art der Risiken, die versichert werden sollen. Er zahlt die vereinbarte Versicherungsprämie an den → Versicherer.

Versicherungsschein/-police insurance policy oder nur Police genannt; dokumentiert den Abschluss eines Versicherungsvertrages. Er ist dem Versicherer im Schaden- bzw. Leistungsfall vorzulegen. Der V. enthält Angaben wie: Warenart, -wert, Verpackungsart, Transportweg und -mittel, Lagerdauer oder -art, versicherte Gefahren, Name des Versicherten und des Versicherungsnehmers. → Lagerversicherung

Versicherungszertifikat certificate of insurance Versicherungsschein für einen Einzeltransport oder eine Einzellagerung, wenn eine laufende Generalpolice besteht. Das V. bestätigt das Bestehen einer Versicherungspolice und beschreibt u. a. Versicherungsumfang und -summe. Es ist ein wesentliches Dokument im internationalen Handel und kann auch elektronisch erstellt werden.

Verteilzeit allowance, distribution time → Kommissionierzeit

Verwahrung, vorübergehende temporary custody zolltechnische Bezeichnung für gestellte und mit summarischer Anmeldung erfasste Importgüter, die noch nicht überlassen wurden. Die V. kann in einem Verwahrungslager (*temporary store*) des Empfängers, einer Zollstelle oder bei einem Dritten erfolgen. Während der V. ist eine Be- oder Verarbeitung verboten.

Verwahrungsvertrag contract of custody/deposit Vertrag zwischen Privatleuten, dem Verwahrer und dem Hinterleger, für die Aufbewahrung beweglicher Sachen (§ 688 ff. BGB). Die Vorschriften des V. bilden im Wesentlichen die Grundlage für den → Lagervertrag nach HGB für Kaufleute.

Volumenberechnung volume calculation Ermittlung des Rauminhalt einer Sendung und damit der Sperrigkeit. Die V. in Kubikmeter (cbm, m³) erfolgt aus Länge x Breite x Höhe, rechtwinklig zueinander vermessen. → x-mal messend

Vorbehalt reservation, proviso Vermerk auf Fracht- oder Lagerpapier, dass eine Sendung Fehlmengen, Beschädigungen etc. aufweist oder das für Inhalt, Gewicht usw. von Frachtführer keine Gewähr übernommen wird. Ein Empfängerv. ist vom abliefernden Fahrer/Spediteur durch Unterschrift zu bestätigen.

Vorsichtsmarkierungen caution marks weltweit anerkannte textliche und/oder bildliche Warn- und Hinweiszeichen auf Packstücken. Bei Exporten sollen die textlichen V. in deutscher Sprache und in der Sprache des Importlandes angebracht werden. Die V. sind genormt nach DIN 55402 und ISO-Norm R 780.

oben	zerbrechlich	vor Nässe schützen	vor Hitze schützen
this side up	*fragile*	*keep dry*	*keep cool*

Vorverpackung pre-packaging Waren vor einer Lagerung in vorgezählten Mengen in Packmittel (Kartons, Beutel) verpacken. Die V. dient v. a. dem Warenschutz, der Stapelung und Raumeinsparung sowie der leichten Bestandsaufnahme.

Wabenregal honeycomb rack oder Kassettenregal, Regal für die kompakte Lagerung von Langgütern (Rohre, Stäbe). Beschickung und Entnahme erfolgen horizontal mit Regalbediengeräten in/aus wabenähnlichen Fächern. → Regalarten

Wagenladung waggon load oder Ladung, Warenpartie von mehr als 3,5 t im Lkw- und Bahnverkehr. Eine W. ist vom Absender zu verladen und vom Empfänger zu entladen, wenn dies nicht vertraglich vom Frachtführer übernommen wird. Ggs. → Stückgut

Wägung weighing Verwiegung, Gewichtsermittlung. Sie wird auf Antrag von Spediteuren, Lagerhaltern oder Kaibetrieben durchgeführt und kann bei der Güterannahme, -abgabe oder -lagerung erfolgen. Die Ergebnisse der W. werden in Wiegenoten oder Gewichtslisten festgehalten.

Waren commodities, goods zollrechtlich Handelsgegenstände, die im Zeitpunkt des Besitzerwerbs bewegliche Sachen sind, einschließlich elektrischer Strom. Nicht als W. gelten Wertpapiere, Zahlungsmittel und aus dem Internet bezogene Software. Eine Legaldefinition des Begriffes W. existiert zollrechtlich nicht.

Warenbegleitpapiere shipping documents alle transportbegleitenden Versand-, Versicherungs-, Handels-, Zoll- und i. w. S. auch Lagerhaltungspapiere. National genügen im Normalfall Rechnung, Lieferschein oder Frachtbrief als W. Im Außenhandel dagegen können verschiedene W. zur Anwendung gelangen. → Transportdokumente

Wareneingangsschein certificate of incoming goods multifunktionales Registrierpapier beim Wareneingang bzw. bei Wareneinlagerung. Es kann folgende Funktionen erfüllen: Eingangsmeldung für die Einkaufsabteilung zum Bestellungsabgleich, Unterlage für Buchhaltung zur Zahlungsanweisung, Papier zur Eingangskontrolle der Lagerverwaltung, zur Bestandsbuchung und Lagerortfestlegung.

Beispiel: Wareneingangsschein (maschinell) für verschiedene Abteilungen

Wareneingangsschein Frankfurter Metall GmbH		Eingang Nr. 23/03		Datum: 17. März 2011	
Eingangstag: 17.03.2011		Verpackung: 2 EUR-Paletten		Lieferant: Röchling KG Oberhausen	
Anlieferart: Lkw	Anlieferer: M+S Essen	Bestell-Nr. FMF 321-2010		Bemerkung über Mängel: keine	
Menge 120	Einheit Stück	Materialbezeichnung Drahtgeflechte		Artikel-Nr. RO-6670	Menge pro VE 60/Pal.
Verpackung retour Ja / Nein	Zurückgesandt am:		Nettogewicht lt. Transportpapier 168 kg	Lagerort: RG 2/32	
Warenannahme Tag / Zeichen	Einkaufsabtlg. Tag / Zeichen	Buchhaltung Tag / Zeichen		Warenbestandsverz. Tag / Zeichen	Lager Tag / Zeichen

Wareninteressent party interested in the goods Auftraggeber oder derjenige, dem ein versichertes Interesse im Zeitpunkt des Schadenereignisses zusteht. In der Regel gilt als W., wer die Transportgefahr trägt. Es kommen demnach Versender, Empfänger oder auch Dritte infrage.

Warenkontrollzertifikat certificate of inspection, clean report of findings Dokument, mit dem eine Prüfgesellschaft bescheinigt, dass die zu liefernde Ware den vereinbarten Bedingungen entspricht.

Warenpflege goods maintenance Tätigkeiten an gelagerten Waren; u. a. Kontrolle von Haltbarkeit (Verfallsdatum), Lagertemperatur, Luftfeuchtigkeit, Belüftung, Ungezieferbefall, Lichteinfluss.

Warenverkehrsbescheinigung/WVB

Warenverkehrsbescheinigung/WVB movement certificate Dokument, mit dem der Nachweis über den Warenursprung von einem Hersteller/Exporteur erbracht wird. Er kann die W. bei seiner Zollstelle beantragen oder selbst ausstellen. Sie wird nach Prüfung vom Zoll abgestempelt und begleitet die Sendung bis zur Bestimmungszollstelle des Importeurs, wo sie zur Zollbehandlung herangezogen wird.

Warenverteilzentrum/WVZ central distribution warehouse zentraler, oft vollautomatisierter Umschlag- und Verteilerplatz von Handelsunternehmen. Im W. werden Warenlieferungen kurzzeitig eingelagert und mithilfe automatischer Sortier- und Verteilsysteme auf die Filialbetriebe verteilt.

Warenwert value of goods Preis, der einem Empfänger für eine Warenlieferung in Rechnung gestellt wird.

Warenwirtschaftssystem/WWS inventory control system, merchandise information system auch → ERP-System genannt, computergestützte Bewirtschaftung eines Handelsbetriebes. Als geschlossenes Logistik- und Kontrollsystem ermöglicht es per Scannertechnik die Warenverfolgung entlang der Logistikkette vom Verkauf über die Lagerung bis zur Ermittlung der Liefermenge. Mit dem W. können Bestandsführung, Beschaffung u. a. m. vorgenommen werden.

Ware-zum-Mann/WzM goods to man Kommissioniersystem, bei dem Lagerware computergesteuert mittels Regalförderzeugen oder -bediengeräten (z. B. → Umlaufregal) zum Kommissionierer befördert wird; das System wird auch dynamische Bereitstellung genannt. Es ist vorteilhaft, wenn ständig hohe Kommissionierleistungen gefordert werden oder wenn die Wegzeiten hoch sind. Nachteilig sind hohe Investitionskosten, geringe Flexibilität bei schwankenden Anforderungen und der bei Maschinenausfall drohende Stillstand. Ggs. → Mann-zur-Ware/MzW → Kommissionierung

Warntafeln

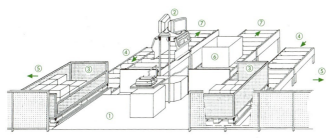

Kombinierter Kommissionier- und Packarbeitsplatz für das übergeordnete Ablaufprinzip Ware-zum-Mann.
① Arbeitsbühne, ② EDV-Terminal, ③ Kommissionierbereitstellung, ④ Zuförderung Kommissionierware, ⑤ Abförderung Kommissionierware, ⑥ Versandkarton, ⑦ Abförderung zum Versand.

Warntafeln warning panels, hazard warning panel rechteckige, rückstrahlende orangefarbene Tafeln (nummeriert oder neutral), die bei Gefahrguttransporten vorne und hinten an Fahrzeugen/Behältnissen angebracht werden müssen. Eine nummerierte W. enthält in der
- oberen Hälfte die Hauptgefahr mit zwei oder drei Ziffern. Ist die zweite Ziffer eine Null, besteht normale Gefahr, vgl. Tabelle S. 148. Eine Ziffernverdoppelung verweist auf eine Zunahme der Gefahr.
- unteren Hälfte die → UN-Nummer des Stoffes gemäß UN-Stoffliste.

Beispiel

X 423
1428

X = Berührung mit Wasser verboten (nicht mit Wasser löschen)
423 = Gefahrennummer, hier entzündbarer fester Stoff, Gas kann entweichen und ist entzündlich
1428 = UN-Stoffnummer für Natrium

Gefahrennummern (vgl. Tabelle → Gefahrklassen):

1. Ziffer = Hauptgefahr
2 = Gas
3 = entzündbarer flüssiger Stoff
4 = entzündbarer fester Stoff
6 = giftiger Stoff
7 = Radioaktivität
8 = ätzender Stoff
9 = Gefahr einer spontanen heftigen Reaktion

2./3. Ziffer = zusätzliche Gefahr
0 = nur normale Gefahr
2 = Entweichen von Gas
3 = Enzündbarkeit von Flüssigkeiten/Gasen
4 = Entzündbarkeit fester Stoffe
5 = oxidierende (brandfördernde) Wirkung
6 = Giftigkeit
8 = Ätzwirkung
9 = Gefahr einer spontanen heftigen Reaktion

Warnzeichen caution mark, warning signal dreieckiges → Sicherheitszeichen der Unfallverhütung; Grundfarbe gelb mit schwarzer Umrandung, schwarze Symbole.

Warrant [engl.] → Lagerschein

Wasserlager floating warehouse/storage a) schwimmende Lagerung von Rohstoffen in Hafenteilen (z. B. Holzlager) oder auf Bargen/Leichtern wegen mangelnder landseitiger Lagerkapazitäten; b) Lagerflächen in Häfen mit direktem Anschluss an eine Wasserstraße.

Wechselaufbaute/WAB interchangeable body, swap body auch Wechselbehälter, -aufbaubehälter oder -pritsche genannt. Genormtes, nicht stapelbares Ladegefäße für Lkw und Kombiverkehre mit Plane/Spriegel oder Kofferaufbaute (in Leichtmetall-, Plywood-, Vollkunststoffbauweise). Die W. sind das am häufigsten genutzte Transportgefäß, da ihr Verhältnis von Nutz- zur Totlast günstig ist. Es überwiegt die Bauversion von 7,15 m Länge. Die W. kann mit Lkw-bordeigenen Mitteln im „Liftsystem" ab-/aufgesetzt werden.

Wegzeit search time Teil der → Kommissionierzeit; umfasst die Zeit für den Weg zwischen zwei Warenentnahmen.

Weiße Ware white cargo Elektrogeräte des Haushaltes wie u. a. Waschmaschinen, Kühlschränke bzw. daraus stammender zu entsorgender Elektroschrott. → Braune Ware

Weisung directive, instruction, order oder Verfügung, Anordnung; in der Lagerlogistik eine Anweisung an den Lagerhalter, an oder in Zusammenhang mit dem Gut eine bestimmte Handlung vorzunehmen (Rücktransport, Zwischenlagerung u. a. m.).

> § Beim → Lagervertrag nach ADSp bleibt eine erteilte W. für den Spediteur/Lagerhalter bis zum Widerruf des Auftraggebers maßgebend. Mangels ausreichender oder ausführbarer W. darf der Lagerhalter nach seinem pflichtgemäßen Ermessen handeln. Ein Auftrag, das Gut zur Verfügung ei-

> nes Dritten zu halten, kann nicht mehr widerrufen werden, sobald die Verfügung des Dritten eingegangen ist (Ziff. 9 ADSp).

Wellpappe-Box/-Kiste corrugated board case universelles, stabiles → Packmittel mit einem Volumen bis zu 1 m³, das aus gewellten Papierlagen besteht. Je nach Ausführung ist es unterfahrbar und trägt Bezeichnungen wie → Paltainer, Welltainer, Palbox, Faltkiste oder Log-Box.

Wertpapier document of title Urkunde über Vermögenswerte oder Rechte; das verbriefte Recht ist an den Besitz des Papiers gebunden. Der aus der Urkunde Verpflichtete muss nur leisten, wenn das W. vorgelegt bzw. zurückgegeben wird („Das Recht aus dem Papier folgt dem Recht am Papier"). Im Verkehrsgewerbe sind Konnossement, Ladeschein, Lagerschein und Versicherungszertifikat W. → Transportdokumente

Wertschöpfungskette logistical value chain Abfolge wertschöpfender Vorgänge in einem Unternehmen. Die W. kann alle Bearbeitungs- und Logistikschritte von der Rohstoffgewinnung bis zur Produktion einschließlich Distribution, Service usw. umfassen.

wickeln to wind, to wrap/foilwrap → stretchen

WR, W/R [engl.] warehouse receipt Lagerhausbescheinigung

WW, W/W [engl.] warehouse warrant → Orderlagerschein → Lagerschein

X

x-docking [engl.] sprich: cross docking; svw. Kreuzverkupplung, Verfahren zur Optimierung von Lieferungsprozessen unter Umgehung der Lagerhaltung. Das x. ist eine Weiterentwicklung der traditionellen Verteilungszentren der Handelslogistik. Mit x. kann der Lagerbestand verringert und eine Kostenersparnis erreicht werden.
- **Filialorientiertes x.:** Fertigwaren vieler Lieferanten werden nicht zwischengelagert, sondern nach Auflösung und Sortierung am CDP/CDT (*Cross Docking Point/Terminal*) unmittelbar als filialbezogene Wareneinheiten weitergeleitet. Es werden lediglich Umsortierungen in sorten- oder filialreine Ladeeinheiten zur Entlastung der wenigen Zielfilialen vorgenommen (s. Abb.).
- **Lieferantenorientiertes x.:** Umgekehrt kann ein CDP Fertigwaren von nur wenigen Lieferanten aufnehmen und viele Filialen mit reduzierten Mengen beliefern, was zu einer Entlastung der Lieferanten führt.

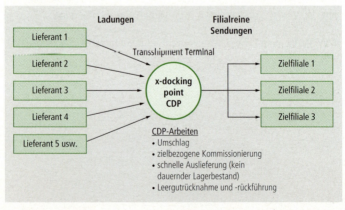

x-mal messend measuring/cubing up to x times Kennziffer der Frachtberechnung, die das Verhältnis zwischen Raum- und Gewichtsmaß (= Sperrigkeit) einer Sendung angibt. Die Berechnung erfolgt nach der Formel: Raumtonne (RT) : Gewichtstonne (GT). Ist das Ergebnis >1 liegt Sperrigkeit vor; ist das Ergebnis <1 liegt keine Sperrigkeit vor.

> **Beispiel:**
>
> Ein Packstück wiegt 1 000 kg und hat ein Maß von 1,8 cbm. RT 1,8 : GT 1,0 = 1,8 mal messend; die Sendung ist sperrig und wird ggf. mit einem Frachtzuschlag abgerechnet.

XYZ-Analyse XYZ-analysis universell verwendbares Bewertungsverfahren. In der Warenbeschaffung kann mit der X. der Bedarf ((Dringlichkeit) und der Verbrauchsverlauf (Umschlaghäufigkeit) vorhergesagt und damit der optimale Lagerbestand bzw. der notwendige Lagerplatz errechnet werden. Waren mit gleichbleibendem Bedarfsverlauf und hoher Vorhersagegenauigkeit gelten als X-Waren. Artikel mit mittlerer bzw. unregelmäßiger Prognosegüte als Y- bzw. als Z-Ware. Die X. wird üblicherweise mit der → ABC-Analyse kombiniert. Dadurch lassen sich Wertgruppen bilden, die Aussagen zur Material- und Vorratsbewirtschaftung, zu Beschaffungsarten usw. erlauben.

Beispiel für Kombinationen (XYZ- und ABC-Analyse):

		A	B	C
		\multicolumn{3}{c}{Warenwerte}		
X	Lagerumschlag	AX = hochwertige Güter, hoher Lagerumschlag	BX = mittelwertige Güter, hoher Lagerumschlag	CX = geringwertige Güter, hoher Lagerumschlag
Y		AY = hochwertige Güter, mittlerer Lagerumschlag	BY = mittelwertige Güter, mittlerer Lagerumschlag	CY = geringwertige Güter, mittlerer Lagerumschlag
Z		AZ = hochwertige Güter, geringer Lagerumschlag	BZ = mittelwertige Güter, geringer Lagerumschlag	CZ = geringwertige Güter, geringer Lagerumschlag

Z

Zählwaage counting scale digitales, digital-analoges oder elektromechanisches Arbeitsmittel zum Zählen, Dosieren, Wiegen usw. von Waren.

Zeilen-/Reihenlagerung line by line warehousing Form der → Bodenlagerung ohne Lagergestelle, bei der meist Palettenware zeilenweise und damit direkt zugreifbar gelagert wird. Die Z. ist flächenintensiv. Ggs. → Blockstapelung/-lagerung.

Zentrallager depot (hub), central stock allgemein Auslieferungspunkt für Regional- oder Distributionslager, gelegentlich wird vom Z. die direkte Kundenbelieferung vorgenommen. In der Handelslogistik enthält das Z. das volle Warensortiment und dient zur Versorgung von Filialnetzen oder Regionallägern.

Zertifizierung certification Verfahren zur Begutachtung und Prüfung von Qualitätsstandards in Unternehmungen durch Zertifizierungsstellen (z.B. Dekra, TÜV). Bei der Z. werden von sog. Audit-Teams die in den betriebseigenen Qualitätsmanagement-Handbüchern (QM-Handbücher) beschriebenen Verfahrens- und Arbeitsanweisungen der Betriebsabläufe mit der Realität verglichen. Bei erfolgreicher Z. wird ein Zertifikat (externes Qualitätsaudit) erstellt, das den Qualitätsstandard bescheinigt. Die Z. erfolgt nach den Normen → DIN ISO 9000 folgende.

ZNR-Waren Zivile-Notfall-Reservewaren civil emergency reserves Waren wie Getreide, Reis, Hülsenfrüchte usw., die langfristig in Dauerlagern von der → BLE für Notfälle eingelagert werden.

Zolllager bonded/customs warehouse zugelassene und überwachte Orte, an denen Güter aus Drittländern unter festgelegten Bedingungen gelagert werden dürfen. Z. sind zu kennzeichnen, müssen jedoch nicht zollsicher sein. Es werden sechs Typen von Z. unterschieden:

Zolllager	Lagertyp		Charakteristik
öffentlich *public*	A	Nutzung durch jedermann; Bedeutung gering	Verantwortung hat Lagerhalter
	B		Verantwortung hat Einlagerer
	F		Verwaltung durch Zollbehörde (= sog. Zollniederlage)
privat *private*	C	Nutzung nur durch Lagerhalter/Spediteure für eigene und/oder fremde Rechnung	Lagerhalter/Einlagerer sind dieselbe Person, nicht jedoch unbedingt der Eigentümer der Ware.
	D		Wie C, bei der Einlagerung muss der Lagerhalter Beschaffenheit, Zollwert und Menge der Ware feststellen. Eine Entnahme ohne zollamtliche Mitwirkung ist danach möglich
	E		Fiktive aber kontrollierte Lagerung von Waren ohne konkrete Lagerstätten (z.B. in Containern)

Die von Spediteuren unterhaltenen Z. sind vorwiegend vom **Typ D**, sie wurden früher „offene Zolllager" (OZL) genannt. Die Genehmigung für ein Z. ist an Voraussetzungen gebunden. Hierzu zählen die Vertrauenswürdigkeit des Lagerhalters, von ihm erbrachte Sicherheitsleistungen und der Nachweis über das wirtschaftliche Bedürfnis.

Zollverschluss bond, customs seal oder Zollsiegel; fälschungssicher gekennzeichnetes Verschlussmittel (Plombe) für Packstücke, Fahrzeuge oder Lagerräume, mit dem sichergestellt wird, dass Waren nicht unbemerkt entwendet, vertauscht oder unzulässig verändert werden können. → Tyden Seal (Metalleinsteckplombe) → Mini-Breakaway (Seilplombe)

Zonung/Zonierung

Zonung/Zonierung zoning oder Zoneneinteilung; räumliche Aufteilung eines Lagers nach Merkmalen; die Z. dient der Lagerung in abgegrenzten Arealen. Es können unterschieden werden:

Sachbezogene Zonung	Gefahrgut-, Gewichts-, Sicherheitszone, temperaturgeführte Zone, Zollzone
Leistungsbezogene Zonung	Umschlagzone, Schnellläuferzone, Dauerlagerzone

Zurren to lash, to seize Befestigen/Festbinden von Ladungsteilen. → Direktzurren → Niederzurren

Zurrmittel load-securing device technische Mittel, mit denen Ladungen befestigt (= gezurrt, festgespannt) und gesichert werden können. Die hauptsächlich verwendeten Z. sind:

Zurrmittel	Material	Spannelement	Verwendungshinweise
Zurrgurt *lashing/ load-securing strap*	Polyester-Gurtband	Ratsche (als Kurzhebel-, Langhebelratsche und Zurrgurtwinde)	Keine Verknotungen, keine Spannung über scharfe Kanten, nicht für Hebungen verwenden, Zugkraft beachten.
Zurrkette *seizing chain*	Rundstahlketten unterschiedlicher Nenndichte	Ratschen- oder Knebelspanner	
Zurrdrahtseil *lashing steel cable*	Einzeldrähte unterschiedlicher Stärke	Drahtseilwinden, Mehrzweckkettenzüge	Bei Beschädigung, Verschleiß, Knicken oder Korrosion nicht verwenden

Zurrpunkte lashing points markierte Stellen an Gütern und/oder Fahrzeugen, an denen → Zurrmittel befestigt werden können. Bei Lkw (zGG > 3,5 t) sind die Z. und die Zugkraft an der Ladefläche angegeben.

Zurückbehaltungsrecht right of retention, right to withhold

> Recht von Lagerhaltern, Spediteuren und Frachtführern gegenüber Warenempfängern, ein Gut solange zur Sicherung eines Anspruches zurückzuhalten, bis eine gebührende Leistung bewirkt ist (§ 273 BGB, § 369 HGB).

→ Pfandrecht

Zusammenlade-, Zusammenstellverbot prohibition to stow (put) goods together Verbot, Packstücke mit bestimmten → Gefahrzetteln aufgrund erhöhter Risiken in einem Lkw, Container oder Lager zusammenzufassen oder direkt nebeneinander zu stellen. Ein Z. besteht im Wesentlichen für Güter der → Gefahrklassen 1, 4.1 und 5.2.

Zustellung delivery, home delivery operation Warenauslieferung an den Empfänger. Die Z. kann im Sammelladungsverkehr durch den Empfangsspediteur erfolgen, sie ist gewöhnlich in einem Pauschalpreis enthalten. Eine Z. entfällt, wenn der Empfänger Selbstabholer ist.

Zwischenlagerung mediate stockholding, temporary warehousing kurzzeitige Unterbrechung eines Transportes und vorübergehende Aufnahme von Gütern in ein Zwischenlager. Die Z. ist bei Sammelladungen auftragsbedingt und üblicherweise nicht kostenpflichtig.

Vokabelverzeichnis

ABC analysis ABC-Analyse
ABC inventory control system ABC-Lagerhaltungsverfahren
acceptance certificate Abnahmeschein
accident prevention code/regulations Unfallverhütungsvorschriften/ UVV
acknowledgement Quittung
Act of God Höhere Gewalt
actual inventory Istbestand
acutal weight tatsächliches Gewicht
additional charges Nebengebühren/-entgelte
ADSp liability ADSp-Haftung
ADSp warehousing contract ADSp-Lagervertrag
advice note Avis
A-goods A-Güter
air-supported building Traglufthallenlager
A-rack A-Gestell
article movement list/report Artikelbewegungsliste
article stock list Artikelbestandsliste
auditing Audit/Auditierung
autom. box rack Behälterregal, automatisches
automated carrousel Karussellregal
 Umlaufregal/-lager
auxiliary handling equipment Förderhilfsmittel

bagged cargo Sackware

bagging facility Absackanlage
bale Ballen
bar code Barcode
bill of lading, B/L Konnossement
bin, bay Lagerfach
bin/slot number Stellplatzkennzeichnung
block stacking/storage Blockstaplung/-lagerung
blocking note, stop order Sperrvermerk
book balance Buchbestand
box pallet Boxpalette
box van body Kofferaufbau
broken stowage Stauverlust
brown goods Braune Ware
buffer stock/storage Pufferlager
buffering time Pufferzeit
bulk cargo/B.C. Schüttgüter
bulkiness Sperrigkeit
bulk Bulkcontainer
bunker Bunker/Bunkerlager
business-to-business/consumer B2B, B2C

canban system Kanban-System
cantilever rack Kragarmregal
canvassing business Akquisition
carboy Ballon
cargo manifest Bordero
cargo/loading plan Ladeplan
cargo Ladung
carriage and insurance paid to ... CIP
carriage forward c/f unfrei
carriage paid to CPT
carrier, haulier Frachtführer
carrier's liability Frachtführerhaftung
carrier Verfrachter
cartage and delivery charge Rollgeld
cartage note Rollkarte

case of damage Schadenfall
cash/collect on delivery/C.O.D. Nachnahme
casko Casko/Kasko
cassette shelf Kassettenregal
caution marks Vorsichtsmarkierungen
caution mark Warnzeichen
central distribution warehouse Warenverteilzentrum/WVZ
central stock Zentrallager
CEP services KEP-Dienste
certificate of inspection, clean report of findings Warenkontrollzertifikat
certification Zertifizierung
chaotic storage chaotische Lagerung
CHEP pallet CHEP Palette
civil emergency reserves Zivile Notfall Reserve, ZNR-Ware
classification of dangerous goods Gefahrklassen
closing (for cargo) Ladeschluss
collapsible container Coltainer
collapsible frame Aufsetzrahmen/-bügel
collecting customer Selbstabholer
collective storage Sammellagerung
combined/multimodal transport Kombiverkehr/Kombinierter Verkehr
commercial warehousing Lagerung, gewerblich
commission storage Kommissionslager
commission Kommission
commodities, goods Waren
community goods Gemeinschaftswaren/GW
completion Komplettierung
confectioning Konfektionierung
consignee Empfänger
consignment note C/N Lieferschein
consignment stock/storage Konsignationslager
consignor Absender
consolidation Sammelladung
container dimensions Container, Abmessungen
container identification Containerkennzeichnung
container sweat Containerschweiß
container Großbehälter

continuous conveyer Stetigförderer
contract of carriage Frachtvertrag, allgemein
contract of custody Verwahrungsvertrag
contract/third-party logistics (TPL) Kontraktlogistik
conventional konventionell
corrugated board case Wellpappe-Box/-Kiste
cost and freight CFR
cost, insurance and freight CIF
costs of packing Verpackungskosten
counting scale Zählwaage
covered head/side loading platform Kopf- und Seitenrampe
crate Harass
cross docking point CDP
cubic volume Kubage
custom-bonded warehouse OZL
customs seal Zollverschluss

damage protocol Schadenprotokoll
damage report Schadenanzeige/-reklamation
damaging event Schadenereignis
dangerous goods commissioner Gefahrgutbeauftragter
dangerous goods handling rules Gefahrgutregelungen, -verordnungen
dangerous/hazardous goods Gefahrgut/-stoff
dead/lost time Totzeit
deficit Manko
degree of space utilisation Raumnutzungsgrad
delivered duty paid DDP
delivered at place DAP
delivered at terminal DAT
delivery Ablieferung
depalletize abpalettieren
depositor Einlagerer
desiccant, drying agent Trockenmittel

destacking abstapeln
detach absatteln
detention charges, demurrage Standgeld
direct lashing Direktzurren
direct transshipment Direktumschlag
directive, instruction, order Weisung
discontinuous conveyer Unstetigförderer
display pack Displayverpackung
disposition Disposition
distribution centre/depot Auslieferungslager
distribution centre Umschlaglager
distribution logistics Distributionslogistik
distribution time Verteilzeit
distribution warehouse Distributionslager
distribution Distribution
dock storage depot Rampenlager
document of title Wertpapier
drive-in warehouse Einfahrregal/-lager
dual-use-goods Dual-Use-Ware
dunnage Garnier
duty of notification Anzeigepflicht
duty of packaging Verpackungspflicht
dynamic staging dynamische Bereitstellung
dynamic storage system Durchlauflager/DLL

E

electronic overhead travelling crane Elektrohängebahn/EHB
elementary/fundamental risk Elementarrisiko
elimination of equipment Ablegereife
emergency sale Notverkauf
empties Leergut
Enterprise Resource Planning-System ERP-System
euro pallet EUR-Flachpalette
European Pallet Association EPAL
ex warehouse/work ab Lager/Werk
ex works EXW
exchange pallet Tauschpalette

expected (estimated) time of arrival voraussichtliche Ankunftszeit
expected (estimated) time of sailing voraussichtliche Abfahrtszeit
express service Expressdienst

fast rotation product Schnelldreher
federal institute of agriculture and nourishment BLE
FIATA documents FIATA-Dokumente
FIATA Warehouse Receipt FWR
filling material Füllmittel/-stoff
fire protection marks Brandschutzzeichen
first in first out FIFO
fixed-bin principle Festplatzsystem
floating warehouse/storage Wasserlager
floor storage Bodenlagerung
flow storage system Fließlager
flow-through racking Durchlaufregal
foil Folie
folding box Faltschachtel
fork lift Gabelstapler
forty feet equivalent unit FEU
forwarder, forwarding agent Spediteur
forwarder's and carrier's liability insurance Haftungsversicherung
forwarder's documents Spediteurdokumente
forwarder's liability Spediteurhaftung
Forwarding Agents Certificate of Receipt/FCR Spediteur-Übernahmebescheinigung
Forwarding Agents Certificate of Transport FCT
forwarding agents fault/failure Spediteurfehler
forwarding contract Speditionsvertrag
free alongside ship FAS
free carrier FCA
free on board FOB
free warehouse Freilager
frt Frachttonne
fruit crate Steige
fumigation Begasung

general cargo Stückgut
general/standard terms and conditions AGB
German Forwarders' standard terms and conditions – ADSp Conditions ADSp
goods maintenance Warenpflege
goods to man Ware-zum-Mann/WzM
goods/load securing Ladungssicherung
gross for net (g/n) Brutto für netto
groupage agent Sammelladungsspediteur

hand forklift truck Hubwagen
handling and hoisting equipment Förder- und Hebemittel
handling costs/charges Handlingkosten
hanging garment transport Hängeversand
hazard labelling Gefahrgutkennzeichnung
health and safety at work act ArbSchG
heat sealer Heißsiegelzange
hidden damage verdeckter Schaden
high-bay forklift Hochregalstapler
high-bay racking Hochregal/-lager (HRL)
highest in – first out Hifo
home delivery operation Zustellung
honeycomb rack Wabenregal
hub and spoke Nabe-Speiche-System

identity Nämlichkeit
industrial and commercial waste management act Kreislaufwirtschafts- und Abfallgesetz/KrW-/AbfG
industrial pallet Industriepalette

inland/land container Binnencontainer
insurance holder/consumer Versicherungsnehmer
insurance policy Versicherungsschein/-police
insurance Versicherung
interchangeable body Wechselaufbaute/WAB
interface control Schnittstellenkontrolle
interface Schnittstelle
Intermediate Bulk Container IBC
internal storage Eigenlagerung
International Commercial Terms Incoterms
International Standard of Phytosanitary Measures ISPM
International Standardization Organization ISO
inventory turnover ratios Lagerkennziffern
inventory Inventur
ISO container ISO-Container

jumbo container Jumbo-Behälter

kinds of damage Schadenarten

label printer Etikettendrucker
lashing points Zurrpunkte
last in first out LIFO
leakage Leckage, Schwund
Less than Container Load LCL
letter of intend Haftbarhaltung
level/floor storage Etagenlager
liability based on fault Verschuldenshaftung
liability during custody Obhutshaftung
liability principle Haftungsprinzip
lien Pfandrecht
lift Aufzug

line by line warehousing Zeilen-/Reihenlagerung
liquid good Flüssiggut
load accessory Lademittel
load carrying device Ladehilfsmittel/LHM
loading and discharging Be- und Entladen
loading equipment Ladegeräte
loading meter Lademeter/LDM
loading platform/ramp Rampe
loading time Ladezeit
load-securing device Zurrmittel
logistical value chain Wertschöpfungskette
logistics contract Logistikvertrag
loss Abgang
low-storage Flachlager

man to good, man to materials/MtM Mann-zur-Ware/MzW
manifest Ladeliste, Manifest
manipulation Manipulation
manual store Handlager
marking charges Signierungskosten
marking instrument Kennzeichnungsmittel
marking, marks Markierung
means of transportation Transportmittel
measurement goods Maßgut
measurement tonne Raumtonne
measuring up to x times x-mal messend
measuring messend
medium-sized container Mittelcontainer
merchandise planning and control system Warenwirtschaftssystem/WWS
metrical system metrisches System
mixed pallet Mischpalette
mobile rack Verschieberegal
movement certificate Warenverkehrsbescheinigung/WVB
multi-modal transport legislation Multimodalrecht
multi-modal transport multimodaler Transport

negotiable warehouse receipt Orderlagerschein
nestable boxes Nestbarer Behälter
neutralization Neutralisierung
non-EU-goods Nichtgemeinschaftswaren/NGW
normal vehicle superstructure Normalaufbauten

O

obligations of the sender/shipper Versenderpflichten
obligation Obligo
offer Offerte
one-way package Einwegverpackung
one-way pallet Einwegpalette
operating safety Betriebssicherheit
order clause Orderklausel
order picking costs Kommissionierungskosten
order picking method Kommissioniermethode
order picking operation Kommissionieren
order point/level Meldebestand
organizational fault/negligence Organisationsverschulden
original consignor Urversender
outer carton/package Umverpackung
overall measurement über alles messen
overhead chain conveyer Kreiskettenförderer

pack, packaged goods Packgut
package (pkg) Packstück
package Kollo
packaging accessory Packhilfsmittel
 Verschließmittel

packaging directive Verpackungsverordnung/VerpV
packaging group Verpackungsgruppe
packaging material Packmittel, Verpackungsmittel
packing aids Aufteilungsmittel
packing material Verpackung
pal-box Pal-Box
pallet clauses Palettenklauseln
pallet exchange Palettentausch
pallet labelling/marker Paletten-Kennzeichnung
pallet pool Palettenpool
pallet rack Palettenregal
pallet reduction Palettenabschlag
pallet tipping device Palettenkipper
pallet width PW oder P/W, Palettenweite
palletizing form Palettierungsform
pallet Palette
paltainer Paltainer
parcel measurement Gurtmaß
parcel service Paketdienst
partial load Teilsendung
party interested in the goods Wareninteressent
paternoster Parternosterregal
payload Nutzlast
payment of charges Frankatur
periode of stockage Lagerdauer
permanent warehouse Dauerlager
picking key datas Kommissionierkennzahlen
picking operative Kommissionierer
picking time Greifzeit
pick-up Abholung
placard Gefahrzettel
platform container Pritschen-Container
policy holder Versicherter
policy Police
premium Prämie
pre-packaging Vorverpackung
price labelling Preisauszeichnung
priority shipment Prioritätssendung

procurement Besorgung
proforma invoice Proforma-Rechnung
prohibition Sign Verbotszeichen
prohibition to stow goods together Zusammenladeverbot
proof of delivery (p.o.d.) Ablieferungsnachweis/-quittung
property loss Vermögensschaden
protective equipment Schutzausrüstung
protective material Schutzmittel

QM-manual QM-Handbuch
qualified culpability Qualifiziertes Verschulden
quality audit Qualitätsaudit
quality management Qualitätsmanagement/QM
quality officer Qualitätsbeauftragter/QB
quality Qualität

R

racking system Regalarten
rack-jobbing Regalpflege
rack Stellage
Radio Frequency Identification-Technology RFID
random storage allocation Freiplatzlagerung
rate Fracht
reach stacker Reachstacker
realization of pledge Pfandverkauf
re-delivery Rücklieferung
refrigerated chain Kühlkette
regional warehouse Regionallager
registered warehouse receipt Namenslagerschein
rescue label Rettungszeichen
reservation Vorbehalt
reserve stock Mindestbestand

responsibility for labelling Kennzeichnungspflicht
restorage Umlagerung
retrievel Auslagerung
returns, return goods Retouren, Rückwaren
reusabletransport packaging/RTP Mehrweg-Transportverpackungen/ MTV
right of retention Zurückbehaltungsrecht
risk Risiko
rollbox Rollbehälter
rotation container/bin Drehstapelbehälter
routing place/point Relationsplatz

S

sack truck/trolley Sackkarre
safe loading Verladung, beförderungssicher Verladung, betriebssicher
safekeeping Aufbewahrung
sales package Verkaufsverpackung
sandwich-pallet Sandwich-Palette
scheduled cargo traffic Systemverkehre
scheduler Disponent
sealing by load Raumverschluss
sealing by unit Packstückverschluss
seal Plombe
search time Wegzeit
segregation rule Trennvorschrift
self-contracting Selbsteintritt
self-help sale Selbsthilfeverkauf
sender, shipper Versender
sender Ablader
seperate storage Trennungslagerung
service, route Relation
set-up time Rüstzeit
shelf load Fachlast, Feldlast
shelf-type racking Fachbodenregal
shippers dutys Absenderpflichten
shipper Ablader, Befrachter

shipping documents Warenbegleitpapiere
shipping note Versandanzeige
shrinking machine Schrumpfungsgerät
shrink-wrapping equipment Folienschrumpfanlage
shunting Rangieren
silo storage Silo/Silolager
slide-in rack Einschubregal
slinging gear/point Anschlagmittel-/punkt
slinging anschlagen
slow-moving products Langsamdreher
Special Drawing Rights/SDR Sonderziehungsrechte/SZR
special storage gesonderte Lagerung, Sonderlagerung
special-commodity warehouse Speziallager
stack pallet Rungenpalette
stacking load Stapellast
stacking aufstapeln, Stapelung
stanchions Rungen
standard pick time Basiszeit
statement of facts Tatbestandsaufnahme/TA
status control Statuskontrolle/-meldung
stevedoring company Stauerei
stock on hand Lagerbestand
stock relief/write-down Abschreibung, auf Lagerbestände
stockholder, storer Lagerhalter
stockholders liability Haftung des Lagerhalters
storage accessory Lagerhilfsmittel
storage and retrieval (S/R) equipment Regalförderzeug/RFZ
storage by order verfügte Lagerung
storage costs calculation Kalkulation, der Lagerkosten Lagerkosten/-kalkulation
storage costs Kosten, der Lagerhaltung
storage cycle Lagerspiel, Spiel
storage equipments Arbeitsmittel
storage facility/place Lagerplatz
storage in rows Reihenstapelung/-lagerung
storage ratios Kennziffern für Lagerung
storage report Lagerspiegel
storage risk Lagerrisiko

storage system Einlagerungs-/Lagerungsprinzip
storage voucher Einlagerungsanzeige
storage zone Lagerzone
storage Einlagerung
storage/warehouse insurance Lagerversicherung
storage/warehousing contract Lagervertrag
stowage plan Stauplan
straddle carrier Portalhubwagen
strapping Umreifung
stretch pack Stretchverpackung
stretching Stretchen
strict/absolute liability Gefährdungshaftung
subcontractor Subunternehmer
subsequent order Nachträgliche Verfügung/Weisung
suction goods Sauggüter

tank, storage tank Tank/Tanklager
Tare Tara
temporary storage Überlagernahme
 Verwahrung, vorübergehende
temporary warehousing Zwischenlagerung
third products Drittlandsware
third-party storage Fremdlager
tilt indicator Kippindikator
tilt truck Plane-Spriegel-Fahrzeug
time for complaint Reklamationsfrist
time of liability during custody Obhutszeitraum
to lash down niederzurren
to lash, to seize zurren
to lash, to strap verlaschen
to lash laschen
to palletize palettisieren
to turn umstechen
to wrap/foilwrap wickeln
tower/shuttle ruck Turmregal
transfer of risk Gefahrenübergang

volume-rate basis

transit Transit, Durchfuhr
transport chain Transportkette
transport documents Transportdokumente
transport label Transportlabel
transport legislation Transportrecht
transportation security Beförderungssicherheit
transshipment Umladung
tray store Tablarlager
tray Tablar
TTS TUL (Transport, Umschlag, Lagerung)
turnover ratio/rate Umschlaghäufigkeit
types of warehouse Lagerarten/-formen

UN number UN-Nummer
underinsurance Unterversicherung
underwriter, insurer Versicherer
unit load Unitarisierte Ladung
unit of account Rechnungseinheit/RE
unloading point Abladestelle/-platz
unloading Entladen, Löschen
use of loading capacity Auslastung

value added services Mehrwertdienstleistungen
value of goods Warenwert
van carrier Portalstapler
vehicle dimensions/weights Fahrzeugabmessungen/-gewichte
vehicle superstructure Fahrzeugaufbaute
volatile corrosion inhibitor packaging material VCI-Packstoff
volume-rate basis Volumenberechnung

waggon load Wagenladung
warehouse charges Lagerentgelt
warehouse documents Lagerdokumente
warehouse flat rate Lagerpauschale
warehouse logistics Lagerlogistik
warehouse receipt write-down Lagerschein-Abschreibung
warehouse receipt Lagerempfangsschein
warehouse warrant to bearer Inhaberlagerschein
warehouse warrant (W/W)/receipt Lagerschein
warehouse Lager
warehousing throughput Lagerdurchsatz
warning panels Warntafeln
warning signal Warnzeichen
waste disposal logistics Entsorgungslogistik
waste materials Abfallstoffe
waybill (W. B.) Frachtbrief
weighing Wägung
white cargo Weiße Ware
wire-mesh box Gitterbox
wooden cases Holzkisten

x-mas tree racking Tannenbaumregal
XYZ-analysis XYZ-Analyse

zoning Zonung/Zonierung

Bildquellenverzeichnis:

Umschlag:
Yves Damin – Fotolia.com

Innenteil:
BITO-Lagertechnik, Bittmann GmbH, Meisenheim, S. 28
Fachhandbuch Lagertechnik, Verband für Lagertechnik, Hagen, S. 65
Gebhardt Transport- und Lagersysteme, Cham, S. 11
Georg Utz GmbH, Schüttdorf, S. 27
Hapag Lloyd GmbH, Hamburg, S. 18, 22
Jungheinrich AG, Hamburg, S. 49
Project Photos GmbH & Co. KG, Augsburg, S. 14